子どもが変わる接し方

9割の先生が気づいていない学級づくりの秘訣

Tanaka Hiroshi
田中博史

東洋館出版社

はじめに

新しいクラスを受けもつと、私は最初の三日間で「ある作戦」を行います。名づけて、**「学級開きの三日間」**です。

といっても、子どもたちに「さあ、みんなで学級づくりをしよう」などと声をかけるわけではありません。私が自分一人で密《ひそ》かに始めます。

まずは、その作戦についてお話ししましょう。

新しいクラスになった初日の下校前。「気をつけ。礼。さようなら」の声がかかる直前に、私はわざと「あっ、ちょっと待って。言い忘れたことがある」と話をします。

「今日、ワタルは休み時間に一年生が落としていった上靴を拾って、靴箱にそっと戻していたんだよ。落ちている靴を見つけて、見て見ぬふりをする人も多いよね。『ワタルは偉いなあ』と思ったよ。そういう友達がこのクラスにはいるってことを教えたくてね。では、さようなら」。

そして二日目。「気をつけ。礼。さようなら」の直前に、再び「あっ、ごめん。一つ言い忘れたことがある」と切り出します。

「今日はカオリが給食当番じゃないのに、片づけのときに給食台をふいていたんだ。これもなかなかできることじゃない。このクラスにはこんな子がたくさんいて嬉しいね」。

三日目になると、いよいよ子どもたちもわかってきます。号令をかける係の子どもが期待を裏切らずに、「一つ言い忘れたことがある。今日はね……」と話すと、みんなニコニコしながら聞いてくれます。

「気をつけ」と言う前に「先生がまた話をするんだろうな」と待ってくれる。そこで、私が期待を裏切らずに、「一つ言い忘れたことがある。今日はね……」と話すと、みんなニコニコしながら聞いてくれます。

四日目。子どもたちに変化が起こり始めます。自分もほめてもらおうと思って、私の周りでやたらといいことをしてアピールするようになるのです。

でも、そういう子たちをほめることはしません。四日目も五日目も、人知れずよいことをしている子を私は自分で探して話します。すると、子どもがしびれを切らして「先生、僕もワタルくんと同じことをしたのにほめてもらっていない」と訴えてきますが、これもとりあえず放っておきます。

そのうち、「先生はちゃんと見ていない。ワタルくんだけじゃなくて、ショウタくんもやってたよ」と言う子が現れます。私の経験では、五日目までには必ず現れます。この言葉を待っていたわけです。自分のことをアピールしてくる子どもに耳を貸さなかったのは、この言葉を待っていたからです。

ひたすら待って、子どもが動き出した瞬間にパッと拾う。

「ショウタくんもやっていたよ」という言葉が出るや否や、「その話が聞きたい」と背中を押します。そして、「そうか、あなたは偉いね。みんなは『自分が、自分が』と言っているけれども、あなたはちゃんと友達のよいところを探せたんだね」と言えば、「先生、ぼくも○○ちゃんのいいところを見つけたよ」とクラス全体に広がっていきます。

……これが、私が密かに行う「学級開き三日間の作戦」です。

私は、クラスの子どもたちがお互いのいいところを見つけられるようになってほしいと思っています。

しかし、最初から「帰りの会で、今日一日で見た友達の素敵なところをお話ししましょう」と言っても、子どもにはそれを実行する必然性も意欲もありません。子どもに無理やり押しつければ、それは必ず形骸化していきます。

それならば、子どもがやりたくなるような必然性をつくればいい。子どもが自ら動きたくなるように教師側から仕掛けていくのです。そうして「○○ちゃんもやっていました」という声がクラスに広がるところまでくれば、もう大丈夫。帰りの会で定番化しても、この下地があれば形骸化してしまうことはありません。

つまり、**子どもを動かしたいなら、「子どもが動きたくなるための場をつくる」こと。大切なことは、子どもが動くエネルギーを育てることです。**

私は、三十年以上にわたり、小学校教師として子どもたちと向き合ってきました。現在は、筑波大学附属小学校で算数の教師をしていますが、授業でもそれ以外の場面でも、「子どもが動きたくなるように変身させる」ことこそ、教師という仕事の本質ではないかと思っています。

授業づくりとは、教材をもとに、いかに子どもを動かすかということです。学級づくりで「子どもが言うことを聞いてくれない」と悩むのは、子どもの心を知らないことが原因かもしれません。

子どもが動きたくなるような仕掛けをすること——そのための方法を模索し、実践し、さらに修正していくことは、教師という仕事の永遠の課題だと言えるでしょう。

仕掛けて、待って、待って、子どもが動き出したらほんの少しだけ背中を押す。

学級開きの例で紹介したように、これが子どもを動かすときに私が気をつけているやり方です。授業づくりでも学級づくりでも変わりません。もっと言えば、「人を動かす」「集団を動かす」という場面では、相手が子どもであっても大人であっても私が実践している方法です。

そもそも、私たち教師だって、必要感、そして「やりたい」という気持ちがなければ動きません。人が動く原理というのは、子どもも大人も同じだと思うのです。

さて……、この本を手に取られたみなさんには、すでに「子どもを願う姿に変身させたい」という必要感があるのではないでしょうか。

本書が、その思いに応える一冊となることを願っています。

田中博史

目次

第2章 「点」ではなく「面」で見る
――子どもを見る

第3章　ほめるための仕組みをつくる
――ほめる・叱る

第4章 一人の子どもに変化を起こす
――変化を広げる

第5章 保護者と一緒に変化を起こす
──周りを巻き込む

第１章
子どもが変わる最初の一歩
——仕掛けて、待つ

「子どもが自分で考える場」をつくる教師の仕掛け

学級づくりでも授業づくりでも、私はとにかく**子ども自身が考える場をつくる**ようにしています。教師が言ったことを忠実に守って再現するのではなく、子どもが自分で考えて方法や課題を見つけることこそが重要だと思うからです。

とはいえ、なんでも子どもまかせにすればいいというわけではありません。**最初の一歩は教師から仕掛けていく**必要があります。

以前、一年生の担任になった私は、「誕生日の子には、その子が真ん中に写っている集合写真をプレゼントする」という企画を考えました。

学校の行事などでクラスの集合写真を撮る機会はありますが、自分が真ん中にいる写真をもっているという子は実はあまりいないのではないでしょうか。そこで、四月生まれの子なら満開の桜をバックに撮った、その子が中央にいる集合写真をプレゼントすることにしたのです。

そしてもう一つ、私からのプレゼントとして、誕生日の子に花を一輪あげることにしました。写真の真ん中の子が誕生日といっても、パッと見ただけではわかりにくい。そこで、目印として主役にお花をもたせて写真を撮ろうと思ったわけです。

この企画は一年間続けましたが、とても好評でした。子どもたちが集合写真とお花をもって家に帰ると、それを見た保護者も大喜びです。「幼稚園でも、こんなにしてもらったことはない」と何度も感謝の言葉をいただきました。

こうして私が一輪のお花をあげているうちに、クラスの子どもたちが「私たちもお花をあげたい」と言い出しました。私が仕掛けたことで、子どもたちが動き出したのです。でも、もちろん私と同じようにお花屋さんから買うことはできませんから、「お金をかけない方法を考えよう」と言って子どもたちに考えさせました。そして、「折り紙でお花をつくろう」ということになりました。

折り紙でつくったお花をストローに差したものをクラス全員が一つずつつくれば、四十本の花束になります。これを一人ひとりの誕生日に渡してあげるのです。子どもたちは、私の誕生日にもプレゼントしてくれたので、今でも大切にもっています。

このように、子どもはだいたい教師のアイデアを真似します。

教師がお花をあげたら、子どもたちもお花をつくる。

教師がメッセージカードを書いたら、子どもたちも同じようなことをしようとする。

先生たちが提示する「たとえば」というのは、その後のクラスを動かす一つの方向性でもあります。だからこそ、教師は、子どもが自分たちから動くような仕掛けをしていく必要があるのです。

ただし、お花をプレゼントするにはお金もかかるので、この本を読んでいる方にそこまで真似をしてほしいとは思いません。私がお花をプレゼントするようになったのは、もう何年も前に、学校の近くにあるお花屋さんと仲よくなったからです。

そのお花屋さんは学校のお花を請け負ってくれている店で、学校にもちょくちょく足を運んでいました。そのお花屋さんの協力があるからこそ、できることでした。

当時は毎月、子どもの誕生日に印をつけたカレンダーをお花屋さんのご主人に渡しておきました。「この日に季節の花を一輪届けてください」とお願いしておけば、私のようなうっかり者でも頑張ることができます。

ある朝、私の机の上に花が置かれていて「あれ？」となったあと、「あっ、今日は○○ちゃんの誕生日だ！　いけない！」などと冷や汗をかいたことも実はあります（笑）。

最初は、あえてあいまいな指示を出す

そもそも、先に書いた誕生日イベント自体が、「クラスのその後」を考えた上での一つの方向性でした。

というのも、四月生まれの子はいつもかわいそうなのです。毎年、新しいクラスが動き出したばかりの頃に誕生日を迎えるので、お互いのこともまだあまり知らない。誕生会などのイベントをやっても、よそよそしい雰囲気で終わってしまいます。

私の学校では、三年間はクラスがもち上がりです。一年目に方向性を出しておけば、次の二年目には子どもたち主導で動くことができる。

四月に誕生日を迎える子どものイベントも、前年度のうちからきちんと準備することができるというわけです。

私は一年目が終わる頃、一月ぐらいに子どもたちに言いました。「今年は先生が誕生日のお祝いを一生懸命やったよね。でも、来年からは自分たちでやるんだよ」。二年目をどうするかについてクラスで話し合ったところ、「お手紙を書こう」という意見が出ました。

しかし、子どもたちにとっては日記を書くのでさえ大変なことです。四十人分、一年間書き続けるのは相当に難しいことだと思いました。

だからといって、「手紙は大変だから駄目」と否定することはありません。**どんなことでも、子どもから出たアイデアは否定せず、まずは体験させて様子を見ます。**

試しに五、六人分、手紙を書いてみると、子どもたちも「お手紙を書くのは大変だ」ということに気づきました。

そして、手紙のように長々と書くのではなく、誕生日の子の「いいところ」を簡単なメッセージにして送ることになりました。

そこまで決まったら、係決めに入ります。四月の誕生会は、三月生まれの子どもたちが担当することになりました。次の五月の誕生会は四月生まれの子が担当というように、その直前に誕生日だった子どもたちがもちまわりで担当します。
「四月生まれの子どもたちにはどんなことをしてあげるの？」と聞くと、「桜の花がついたものをつくる」と言いました。「カードを桜の花で満開にするんだね、それはいい。メッセージはどこに書くの？」と尋ねると、子どもたちは「桜の花びらに書く」と言いました。

花びら一枚に一人ずつメッセージを書く。桜の花びらは五枚なので、八個の桜があれば四十人分全員のメッセージが入るというわけです。

そこで、五人ずつのグループをつくってメッセージを書くことになりました。

このように、**実際に動き出してから子どもたち自身が計画の詳細を決めていけば、その都度、必要な課題を自分たちで設定するようになります。**

だからこそ、教師が子どもたちに投げかける課題は、あいまいなもののほうがいい。これは、子どもたちが自分で動けるようになるために欠かせないことです。

誕生日イベントの企画をまかせたときにも、私からの投げかけは「どうすれば誕生日の子が喜んでくれるだろう」というくらいにとどめました。こちらから具体的なアイデアは

具体的な指示

あいまいな指示

出しません。

子どもたちは、トラブルが起こったり、うまくいかないことがあったりする度に課題をもち、計画を軌道修正しながら動きます。

その過程で計画はさらに練られるので、必然的に質も上がるのです。

友達の「いいところ」を見つける子に育てるために

子どもたちには、お互いの「いいところ」を見つけられるようになってほしいと思います。これは、私が目指しているクラスの姿でもあります。

子どもたちが桜の花びらにメッセージを書くことを思いついたとき、私は一つ提案をしました。五人グループの中で同じことを見つけて書いている人がいたら、そのグループは相談して誰かが別のことを書く。そうして五つの花びらには五通りの「その子のいいところ」が集まるように仕向けたわけです。

子どもたちのメッセージは、似たようなものが集まりがちです。運動神経のよい子には「スポーツができていいね」とか「どんな運動でも上手にできて、すごいね」。そんなメッセージが四十個あっても、もらった子は嬉しくありません。

せめて集まった五人の中だけでも重複しないように「いいところ」を探すことができれば、その内容も具体的になります。「僕の上靴が散らかっていたとき、元に戻してくれてありがとう」「ドッジボールのときに男子のボールを受け取ってニコニコしていた。すごい」「私が運動場の隅にいると、いつも遊ぼうと言ってくれるよね。あのとき、私はいつもホッとするの」というように。

つまり、**その子の性格や特徴だけでなく、「その子との関係」で探すことになるので、エピソードも具体的になるし、カードをもらった子も嬉しい**のです。

子どもたちは、ほかの子が見つけないような「いいところ」を探すために、誕生日が近い子を必死で観察します。誕生日の一週間前にもなれば、クラス中がその子をプラスに見ようと心がけ、いいところをメモします。また、友達と重複してしまったときのために、一人で二つ、三つとメッセージを用意する子どももいます。子どもたちの日記を読むと、そのような試行錯誤がとてもよく伝わってきました。

さらには、四月生まれの子どもに桜の花のカードを送ったら、次の五月生まれの子にはテントウムシの形をしたカードというように、季節に合わせたカードを送ることも子どもたちが自分で決めました。

そうして二年目の誕生日イベントは、子どもたちの手でどんどん発展していったのです。

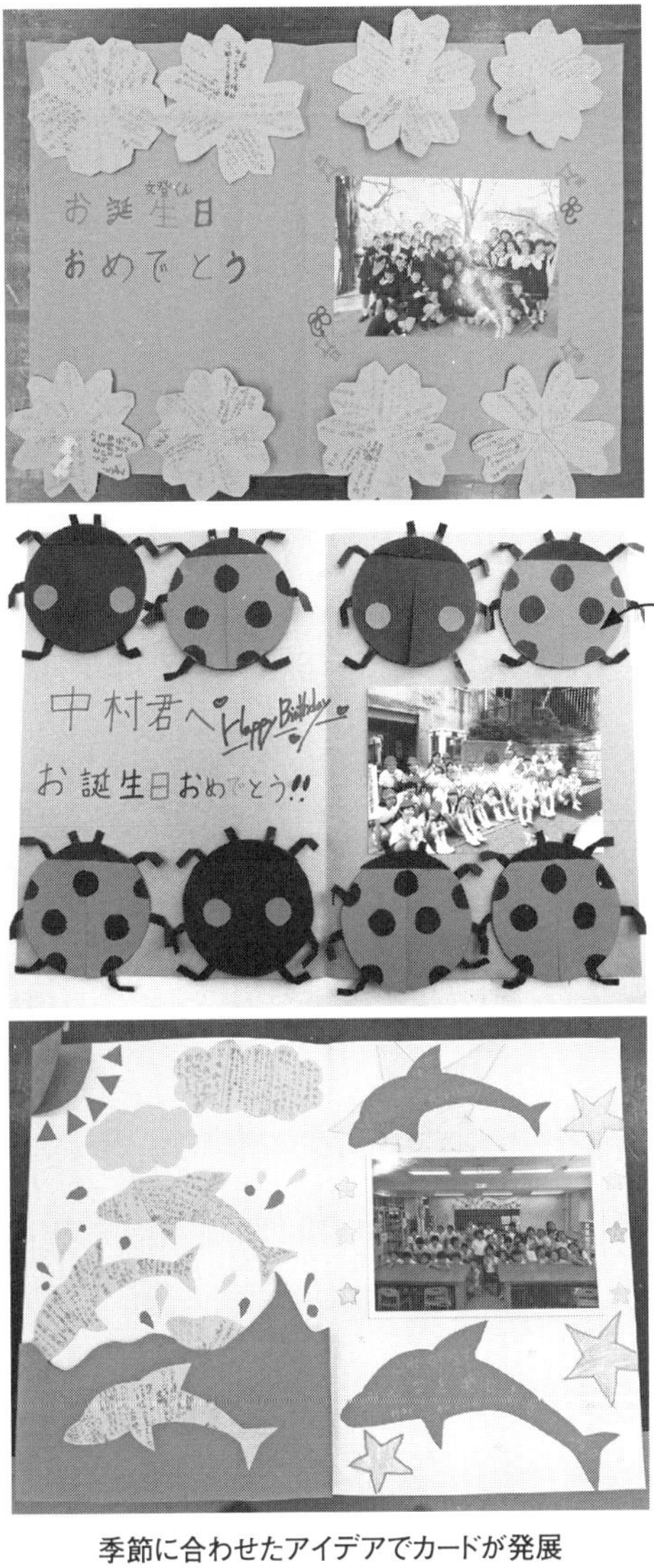

テントウムシの羽を開くと
メッセージがある

季節に合わせたアイデアでカードが発展

「人づき合いは、見方一つでガラリと変わる」

誕生日の集合写真を撮る以前には、「始業式の日に桜の木の下で私と子どもが一緒に写っている写真を撮る」という企画も行っていました。

入学・進学して間もない四月、満開の桜の下でクラスの記念写真を撮る学校は多いと思います。多くの場合、出席番号順や背の順などで並んで撮るのではないでしょうか。

なかには、クラスのみんなでワイワイと集まって撮ることもあるかもしれませんが、そういう写真は、活発な子ばかりが先生の近くでポーズを決め、おとなしい子は後ろのほうにいたり、ちゃんと顔が写っていなかったりすることもあるでしょう。

そこで私が考えたのが、いろいろな子を私の両側に来させて、写真を二十カットほど撮るということでした。二人ずつ二十カットなので、四十人が私の隣にくるわけです。「はい、そこの二人、隣に来て。はい次、交代！」とやって、撮った写真はその日のうちに印刷して子どもたちにあげました。

さて、子どもたちが帰宅して写真を見た保護者は驚きます。「えっ、うちの子はもう新しい先生と腕を組んでいる」と思うのです。

特に、やんちゃ坊主やおとなしい子は、学校での出来事をあまり親に話さないので、そういった子の保護者は写真を見てびっくりし、そして安心してくれます。

逆に、普段から学校の様子をよく話す女の子などは、「あなた、もう先生と仲よくなったの？」と聞かれて「違うよ。それ、隣の子を取っかえ引っかえしてみんなと撮ったの」とバラしてしまうかもしれません（笑）。それでも保護者は「そんなことにも気をつかってくれる先生なんだ」と思ってくれるでしょうから、それでいいのです。

いずれにしても、新年度にこのような写真を見ると、保護者もスタートから安心できるのではないでしょうか。

五月。

私は保護者総会のときに、このネタばらしをします。それを聞いた保護者は「なんだ、うちの子とだけじゃなかったんだ」と思うでしょう（笑）。

そこで、こう続けます。

「でも、少なくともこの一カ月は『うちの子とだけ仲よしになったんだ』と思ってくださったのではないですか。そうすると、いろいろなことがプラスに見えたのではないでしょうか」。

人とのつき合いは、見方一つで変わる。このことを、できるだけ早い段階で保護者の方たちにも伝えておきたいのです。

そうすれば、**親が自分の子どもや、その友達を見る目も変わります。それが、子どもたちとの関係づくりにもいい流れを生むのです。**

実は、この集合写真のアイデアは、私の妻のひと言で思いついたものです。

私の息子が幼稚園に入って間もない頃、妻はまだあまり知らないはずの幼稚園の先生を「いい先生だ」と言っていました。どうしてわかるのか聞いてみると、一枚の写真を見せてくれました。それは、私の息子だけが先生に肩車されて、ほかの子はその周りに集まっている写真でした。

そのとき私は「母親はこれを見ただけで、いい先生だと思って安心するんだなあ。よし、これはぜひ活用してみたいな」と思ったのでした。

子どもたちへの「根回し？」も教師の仕事

四月、五月は学級のトラブルが多く、六月になると学級が落ち着くという話をよく聞きます。これは、子どもたちが成長するからというよりも、お互いのことを知って慣れるからということのほうが、実は大きいのかもしれません。

出会って最初の頃は、お互いの文化や生活サイクルに慣れていないためにトラブルが起こりやすくなります。ですから、そのギャップを埋めていく調整をするのも、教師の仕事だと思います。

いくら小学校が同じで安心した環境と言っても、子どもたちの育つ家庭の環境はさまざまです。それぞれの家庭には固有の習慣や文化がありますし、その違いが原因で諍《いさか》いが起こることもあります。

集合時間の五分前に集まるのが常識だと考える家庭もあれば、十分くらい遅れても気にならないという家庭もあります。

ある子はきちんと掃除をしているつもりでも、ほかの子にしたら「そんな乱雑なのは掃除になっていない」と思うかもしれません。

特に、食に対する違いは大きいものです。ある子にとってはおいしい食べ方でも、ほかの子から見ると気持ち悪くて見ていられないということもあるのです。

以前、女の子が男の子の食べ方について「先生、何とかしてください。もう許せません」と必死で訴えてきたことがありました。

私はそういった苦情が出た場合、女の子のほうに「君たちの言うことは全部当たっているし、全部正しい」とまずは言います。

それに続けて、「でも、君たちの弟や妹は同じようなことをしていないかなあ。あの男の子たちを弟や妹たちと同じだと思ってしばらく見てあげてよ。これから先生が三カ月でちゃんとできるようにするから、待ってくれない？　頼むから、三カ月だけお姉さんをやってくれない？」と頼むのです。

そうしておいてから、今度は男の子を呼び出して、食べ方をひとまず注意しておきます。男の子の食べ方も少しずつ変化させますが、習慣を急に変えるのは難しいので、まずは周りの子どもたちに柔らかく接する目を育ててからにするのです。

このようにして、**両方の顔を立てつつ、その間のギャップを埋めていきます。**まさに日本人ならではの根回し文化ですが、ときにはこういった配慮も必要です。

両方の根回しを上手にやると、三カ月がたった頃には女の子も慣れてきます。

もちろん、こうした関係づくりの調整がうまくいくようにするためには、頼む女の子との距離も縮めておくことが欠かせません。**「先生がそう言うなら三カ月待つけど……」というう信頼関係をつくることも大切**なのです。

無理に子どもを変えようとしないで、お互いが慣れるのを待つ。

そして、お互いがきちんと待てるように、教師が調整役を担っていく。

これは夫婦でも恋人でも同じでしょう。「片づけができない、時間に遅れてくることも含めてその人なんだ」と思えるから、長い間一緒にいられる。

それで、いつも三十分遅れる人が五分しか遅れなかったら、「ああ、今日は早いな」と感じて、お互いが幸せに過ごせるようになるものです（笑）。

「男女の壁をなくす」ことのすごい効果

男女が一緒になって遊ぶこと。

これも子どもたちの間にあるギャップを埋めていくための効果的な方法です。

私のクラスでは、高学年になっても男女が仲よく〝手つなぎ鬼ごっこ〟をしています。とはいえ、何もせずに、最初からうまくいくわけではありません。最初は私が仕掛けました。

手つなぎ鬼ごっこをするときに、**「鬼は男の子と女の子を順番につかまえなければいけない」**というようなルールをつくって、必ず男女が手をつなぐように仕向けたのです。

ルールをつくった当初は、みんないやいややっているふりをしていましたが、いざ始まるととても楽しそうでした。そのうち、子どもたちのほうから「先生、今日は手つなぎ鬼やらないの」と言ってきたりし始めました。いやがっていたはずの男の子からもです。

こういった変化に伴って、授業中の発言も増えるようになりました。話し合いの場面でもスムーズに男女で議論が進むようになったのです。

こうして、クラスの雰囲気がどんどん変わっていきました。

もちろん、これは必ずしも手つなぎ鬼ごっこである必要はありません。

以前、私のクラスで、ある女の子が男の子に将棋を教えてもらったことをきっかけに将棋が大流行したことがありました。女の子が男の子に次々と将棋を教えてもらうようになり、休み時間ともなれば男女が一緒に将棋を指すようになったのです。

女の子に「教えて」と言われることを期待して、図書館から本を借りて勉強する男の子もたくさんいたほどです。

私は、授業中でも男女のペアをつくらせて話し合いをさせます。

いきなり二人の会話でのやりとりだとハードルが高いときは、**男女のペアで筆談をさせ**

てみるのもよい方法です。

男の子の中には「何を書いてよいかわからない」という子もいるので、「ねえ、昨日家に帰ってから何をした?」といった書き出しを決めてもよいでしょう。女の子はその答えを書いて、さらに話題を広げてくれるので、あまり心配はいりません。口では言えないことも文字なら書けるということがあるため、筆談は盛り上がります。

書き終わったものをほかのペアと交換して読み合うと、また新しい話題ができる。そうしてグループの交流へと発展していきます。

このように、私はとにかく男女の交流の機会を多くつくります。男女の仲がよくなると、クラスの雰囲気も必ずよくなります。

小学生くらいでは、男の子より女の子のほうが精神年齢が高いもの。

ですから、**幼い男の子に対しての母性、お姉さんであるという気持ちをうまく引き出しながら、男女の壁を崩していくこともポイント**です。

必ず男女が手をつなぐ“手つなぎ鬼ごっこ”

男女のペアで筆談

子どもがつくったルールでクラスを動かす

教室にゴミがたくさん落ちているので、子どもに「ゴミを一人五つずつ拾いなさい」と指示をします。数字を入れて指示すると、子どもはよく動きます。

こうした小さな指導の技術は大切なのですが、これで子どもがゴミを拾い、「きれいになってよかったね」と終わるのでよいのでしょうか。

ある講演で、若い先生たちにこの話をしたところ、「この指示では、子どもは六つ目のゴミは拾わないことがある」と言っていました。

確かに、教師から指示された通りに動いて、「私は五つ拾ったもん」と満足している限り、子どもは育っていかないのです。

「ゴミを五つ拾いなさい」という指示を出したときは、六つ目のゴミを拾った子をほめるという意識で子どもを見ておくことが必要です。こう書くと、「誰がいくつゴミを拾ったか、クラス全員をチェックしておくなんてとてもできません」という声が聞こえそうですが……、実はできるのです。

さて、どうやって六つ目のゴミを拾った子を見極めればいいのでしょうか。

私が着目するポイントは**ゴミ箱の周り**です。六つ目のゴミを拾った子は、ゴミ箱の周りを見ていればわかります。

拾ったゴミを子どもたちがゴミ箱に捨てると、ゴミ箱にうまく入らずにこぼれ落ちてしまうものが必ず出ます。だから、ゴミ箱の周りのゴミを拾って捨てている子は、必ず六つ以上拾っています。全員を見ずとも、そこだけに着目しておけば、探すことはできます。

さらに言えば、私は「ゴミを五つ拾いなさい」と教師から個数を限定するのではなく、「ねえ、教室にゴミが散らかっていると思わない？　一人がいくつ拾ったらきれいになるかな」と聞いて、何個拾うかを子どもたちに決めさせてみます。

これなら子どもが自分で決めるから、掃除が終わったあとで教室を見回して、まだゴミがあったら「先生、一人五つじゃ駄目だよ。もう一個ずつ拾わないときれいにならないよ」などと言えるようになるのです。

教師がルールを決めてしまうと、それは教師にしか変えられません。子どもたちが「そのルールはおかしい」と思っても、なかなか言い出せないのです。

子どもにルールを決めさせることのよさは、子ども自身がルールを変えられること。

クラスのルールづくりも、子どもが考える場をつくることが大切なのです。

ワクワクするモチベーションを生かす

クラスにボールが二つあり、たとえば緑ペンで目印をつけたものは女の子用、青の目印は男の子用というルールを教師が決めることがあります。そうすると、女の子が使っていない場合でも、男の子は一つしか使えなくなってしまう……。こんな様子を見たことがありませんか。

これも同じです。やはり、子どもにルールを決めさせればいいのです。

そうすれば、「先生、片方のボールが余っているときは、男の子、女の子に関係なく使えるようにしようよ」と言う子が出てきます。

子どもを動かすには、**モチベーションを高めるポイントを押さえておく**ことも重要です。

一つ、例を挙げましょう。

私の学校の子どもたちは、午後四時までに完全下校しなければいけません。子どもたちは放課後、運動場や体育館で遊んでいますが、教師は子どもが着替えたり、帰る準備をしたりする時間を考えて、だいたい早めに遊ぶのをやめさせます。

私はあるとき、遊びを切り上げる時間を早めることをあえて提案してみました。どのクラスよりも早く、三十分前くらいはどうか、と言って仕掛けたのです。

すると、子どもたちは「えー、先生、まだ遊べるよ」「あと十分」とか「三時四十五分まではいけるかも」と言う。

私は、「みんなの言うことを信じるよ」と言って、ぎりぎりまで遊ばせました。そうすると、子どもたちの意識が高まっているので、時間がくればピタッと遊ぶのをやめて、急いで着替えます。

遊ぶのを早めにやめたクラスは、だいたいダラダラと着替えます。教師が「急いで着替えるんだよ」と言っても、子どものモチベーションが高まっていなければ効果はありません。結果的に、私のクラスのほうが、先に帰ることになります。ここで大いにほめれば、さらに意識は高まることでしょう。

日記の見方
――返事を要するものはお泊まりさせない

私は、子どもたちが提出した日記は、その日のうちに返すようにしています。「返事を書く必要があるものはその日のうちに返す。お泊まりさせては駄目」が原則です。若い先生方にもそのように指導しています。

その理由はシンプルで、**子どもたちにとっては、その日のうちに知りたい返事があるからです。そういった場合は、翌日に返事をもらっても全く意味がない**のです。

とはいえ、四十人分の日記を読んで返すのは本当に難しい。一人ひとりに丁寧にコメントを書いていると、時間も足りなくなります。この本を読んでいるみなさんも経験されているのではないでしょうか。

以前、私が中学年以上で実践していたのは、日記提出用の箱を三つ用意することです。右の箱は「今日は真剣に書きました。お返事、急を要します箱」。左の箱は「申し訳ありませんが今日は消化試合です。忙しければハンコだけでもいいです箱」。そして真ん中の箱。

この三つの箱を並べて置いておき、子どもたちが自分で自分の書いた日記を判定して、どの箱に入れるかを決めるのです。

女の子が「う〜ん、今日はこっちかな」と真剣な表情で「急を要します箱」に入れたかと思えば、男の子が「ああ、今日は大丈夫、はい」と「消化試合箱」に入れていく。この様子もまたかわいいものです（笑）。

「急を要します箱」の日記にはすぐに目を通します。悩み相談があれば長い返事を書きます。「中間の箱」の日記には、「よくやったね」「がんばったね」「よし」とひと言だけ書く。「消化試合」の箱に入れた子の日記には、本当にハンコをポンと押すだけでいいときもあります（笑）。

この方法のよいところは、**子どもたちが日記を自己評価できる**ということ。自分が書いたものを自分で評価することの指導になります。

もちろん、これは本当に忙しくて全員分を見ることができないときの例ですが、このようなこと以外にも工夫する方法はあります。

長い返事を書くのは週に一回だけとか、クラスを四つに分けて十人だけ長い返事を書き、それをローテーションしていくなどといったことも可能でしょう。

日記を見るときに大切なのは、いつも丁寧な返事を書くことでなく、その時々の子どもの気持ちにきちんと応えようとすることではないかと思うのです。

そのためのやり方はいろいろありますし、ときには同僚の先生方とアイデアを交換し合ってみるのもよいのではないでしょうか。

ドリルの採点法

――低学年から自分で丸をつける方法を教える

先ほどの日記と同様、ドリルの丸つけやペン入れなども普通にやれば時間がかかる仕事です。毎日、大きなバッグをもち帰って遅くまで丸つけして返したはいいけれど、当の子どもたちはそのドリルを全く見返していないなどということがあれば、それではやはり意味がありません。

私は、算数のドリルなどは、原則として低学年から子どもに丸つけをさせます。**最初は自己採点の仕方自体を授業する**のです。

ただし、「さあ、答えを渡すから、これを見て丸をつけなさい」と言うだけでは、子どもたちもいい加減に丸つけをしてしまいます。ですから、最初は教師の用意したプリントを行い、解答も教師がつくって印刷したものを渡して丸つけをします。そして、この解答は、**最初はわざと一、二カ所、答えが間違ったものを用意しておく**のです。

間違えた答えを見ても何も言わない子は、適当に丸をつけているのかもしれません。「あれ、先生、答えがどうしても合わないところがある」と言ってくる子は真剣に見ているということでしょう。

しっかりと見ている子どもをたくさんほめ、きちんと一つずつ対応させて丸つけをすることの大切さを教えます。すると、次からは全員がすごく注意深くなります。ときには、「先生、問四の答えが違います」と言ってきて、「それはあなたが違うんだよ」ということもあったりするのですが……（笑）。

ところで、自己採点をしたドリルを子どもが家にもち帰って保護者が見るとします。そのとき、全部が子どもの赤ペンだと「この先生、何も見ていないじゃないか」と思うかもしれません。

私は、**二カ所ほどは自分のペンで丸をつける**ようにしています。子どもが問題を解いている最中に見て回って、その場で赤ペンを入れるのです。子どもが解き終わったときは、全員のドリルの二カ所に私の赤ペンがもう入っている。それから「残りは自分で答え合わせしよう」と言って自己採点に移ります。

こうすると、教師もきちんと見ていることが保護者にも伝わるはずです。それでも、なかには「二カ所しか見ていないのか」と思う保護者もいるかもしれません。ですから、きちんと説明もします。「私たち教師は全部完璧にできているかを見ているのではなく、問題を解く方法を理解しているかを見ているのですよ」と。

味噌汁をつくったとき、味見するのは一口か二口です。全部飲んでからよし大丈夫、とする人はいないでしょう。ドリルの丸つけも同じで、一番大事なところを二カ所見れば理解できているかどうかはわかります。そこを保護者にも理解してもらうのです。

日記もドリルも、子どもは早く返事がほしいし、その場で正解かどうかを知りたい。時間がたつと、どうでもよくなってしまいます。

日記やドリルを家にもち帰らないことは、子どもにとっても教師にとってもメリットがあります。何より、子どもと触れ合う時間を確実に増やすことができるのです。

第2章

「点」ではなく「面」で見る

――子どもを見る

実践！「子どもウォッチング」のすすめ

「学級開きの三日間」では、まずは子どものいいところを見つけて、私が仕掛けていくと書きました。

いいところを見つけて、ほめる。しかし、ありきたりのことでは子どもたちは感動しません。**話が具体的であればあるほど、子どもは「この先生はよく見ている」と思う**のです。

そこで、周りの若い先生たちにすすめているのが、**「子どもウォッチング」**です。バードウォッチングならぬ子どもウォッチング。休み時間にクラス名簿をもって、全員の子どもたちを探して歩くのです。

休み時間の二十分で子ども全員を探し出せたらたいしたものです。三十人のクラスだとして、一回の子どもウォッチングで、だいたい二十人ぐらいまでは探せますが、クラスのやんちゃ坊主など、どこで遊んでいるのか見当がつかない子どももいます。

見つからなかった子たちには、日を改めてターゲットを絞ります。そして、休み時間にこっそりあとを付けてみると、プールの裏などに行って遊んでいることがわかり、びっくり。「こんなところで……」と冷や汗をかくこともあるかもしれません（笑）。

ときには、どうしても探せない子もいます。どれだけ探しても見つからない。子どもたちは走って遊ぶから、すぐに見失ってしまいます。以前、私が子どもウォッチングをしたときにも、どうしてもあと三人が見つかりませんでした。

さて、この三人は何をして遊んでいたのか――なんと、私のあとを付けて遊んでいたのです。私が子どもたちを探し歩いていると気づき、「先生に見つからないように先生のあとを付ける」という遊びをしていました。こんなふうに、子どもは教師の上を行くから面白いものです。

子どもウォッチングをすると、子どものいいところが見つかるのはもちろんですが、意外な姿にもたくさん出会えます。

「この女の子はいつも一人、教室で本を読んでいるなあ」とか「図書館に行った五人中、唯一の男の子は全く本を読まずに本棚をうろうろと探し回っているだけだなあ」とか。

そんな意外な姿を見つけたら、ひとり言のようにして学級通信に書いたりもします。

「今日は昼休みに校内を歩いた。運動場で男の子七人が遊んでいるところに、一人女の子が混ざっている。へえ、○○ちゃんはサッカー好きなんだ」といった具合です。

子どもの意外な面や授業では見せない姿、ひょっとしたら家庭でも見せていない姿などを書いていく。

そうすれば、子どもも保護者も「この先生はよく見てくれている」と安心してくれることでしょう。

子どもを「点」ではなく「面」で見る

子どもウォッチングをしていると、トラブルを見つけることもあるはずです。

でも、私は、トラブルを見つけたときにすぐに解決に乗り出すことはあまりしません。そういうときは、まず、**その一部始終をよく見る**ことが大切だと思っているからです。

以前、私のクラスに何かと問題の多い男の子がいました。クラスで何かトラブルが起こると、必ずその子が関わっているというタイプの子どもです。教師の間でもトラブルメーカーという評判で、「どうにかしてください」と頼まれていました。

ある日、昼休みに子どもウォッチングをしていると、ドッジボールをしている子たちがもめているのを発見しました。トラブルの中には、当然のようにその子がいました。

その様子をベランダから見ていると、一人の女の子がそばにやってきて言いました。

「○○くんは本当はさっきまで鬼ごっこをしていたんだよ。でも、ドッジボールの子たちがもめているのに気づいて飛んできたの。○○くんはいつもそう。違うところで遊んでいても、どこかでもめ事が起こるとそこに入っていって『今のはこっちが正しい』とか『そっちが間違ってる』って審判するんだよ」。

続けて見ていると、確かにその通りでした。その子は新しいもめ事があると、わざわざそこに入っていって、「待て、待て、待て。今のはおまえがこうしたからいけないんだ」と言っています。

つまり、その子自身はトラブルを収めに行っているつもりなのです。でも、もめている当事者たちからは余計なお世話だと思われていた。それで、けんかになっていたのです。そこを教師に見つかって叱られるというパターンでした。

一方の当事者たちや周りで見ている子どもたちは、それを知っています。でも、自分が巻き込まれるのが嫌だから、「先生、○○くんは悪くないよ」とは言わない。先ほどの女の子は私と二人だけのときだったので、巻き込まれる危険もないから、正直に話してくれたわけです。

私はそれを聞いたとき「子どもは点ではなく、線で見なければ。いや、線に幅をもたせ

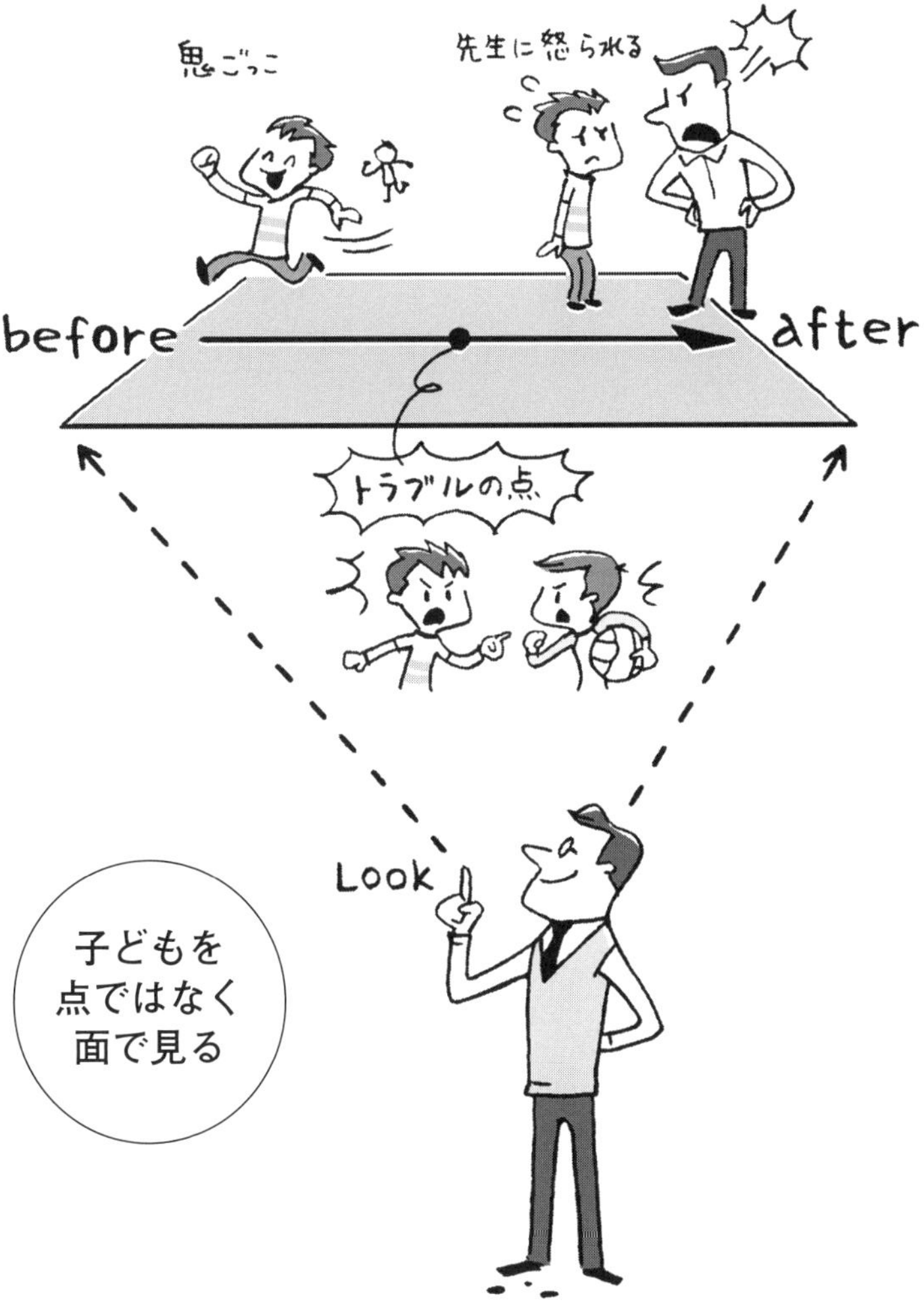

子どもを
点ではなく
面で見る

て面で見なければいけない」とつくづく思いました。**その子の今の姿が「点」、事件の背景も含めた状況が「線」、「面」は前後の時間の流れや友達の関係も含めた子どもの姿です。**

教師は普段、事件が起きたあとで、状況を「調査」して場を収めようとします。これはいわば対症療法です。

でも、事件後に調査するのでは、判断を誤ってしまうリスクも大きいのです。情報を提供する子どもが本当のことを言っているのかどうかもわからないのですから。

そもそも、何かトラブルが起こったとき、子どもたちに指導しなければいけないのは、「友達を大切にしなければいけない」とか、「過ちを犯したら正直に言わなければいけない」ということです。それならば、もっと適切な場面をもとに指導したらどうでしょう。

私は、何か指導しなければいけないことがあるときには、そのための材料を探しに行きます。**指導することがまずあって、その材料として事実を探す**わけです。

これなら、前後の時間の流れも含めて子どもを「面」で見ることができるので、適切な指導になるのです。

事件は「休み時間の終わり」か「掃除時間」に起きている

たとえば、「今日は子どもたちに正直にならなければいけないことを指導しよう」と考えたとします。それなら、まずはその指導に適した事実を探すようにします。

いざその場面を探そうと思ったら、ねらい目は「休み時間の終わり」か「掃除時間」。

子どもの世界では、小さな事件は毎日起きているので、見つけるのは簡単です。

ところで、昼休みの終わり頃、日本全国の小学校で同じように必ず起きている小さなトラブルが一つあります。それは、ボールの片づけ問題。

ボールの片づけは、「最後にボールを触った子が片づける」という全国共通の不思議なルールがあるようです。だから、自分は散々遊んでおいて、最後に誰かにボールをぶつけ、

「おまえが最後に触ったから片づけろ」と言う子が必ずいるらしいのです。

仲間同士でぶつけ合っているならまだいいのですが、投げたボールが全く関係のない女の子にボンと当たったりする。

すると、男の子たちは「ぼくたちは最後に触ってはいない」、女の子は「私は遊んでいない」と言って、ボールは運動場の真ん中に転がっていきます。

私はこういった場面を見つけると、実は内心、小躍りして喜んでいます（笑）。「これはいい『教材』が見つかったぞ」と思うのです。

そして、その場では注意せず、事の成り行きをすべて見たあとで、静かにボールを拾いに行きます。

その日の下校時間になると、帰りの会などで「先生、ボールが一個足りません」という話が出てきます。私は子どもが言い出すまで放っておいて、その場で初めて知ったように装います。

「えっ、そうなの。今日は誰が遊んだの？」と聞くと、「ぼくは遊んだけど片づけました」とか、「いいえ、男子が遊んでいました」といったやりとりが交わされます。

こういった場面ではよく、「目を閉じて、心あたりがある人は手を挙げなさい」などとやりますが、子どもが正直に手を挙げることはあまりないでしょう。「実は、先生は全部見ていました」といった指導もしがちですが、私はそれも言いません。すべて知っているという印籠は絶対に出さずに、子どもたちに試しに話し合いを続けさせます。

そのうちに、誰かが「ボールは運動場にあるかもしれません」と言ってきたら、「それは気の毒なことだなあ。でも実は、ボールは先生のところに返ってきているんだ」と言って、拾っておいたボールを教卓の下からスッと出すわけです。

そして、「今、みんなの中の誰かの心が痛んでいるでしょう。その痛んだ心を覚えていてくれたら、明日はちょっとよくなるよ」などと言って帰します。教室ではそれで十分です。なぜなら、当事者の数人以外は全く関係ないからです。

これだけでも、子どもたちは「正直にならなければ」とか「嘘は通じない」と学ぶでしょう。

さて、指導の締めくくりは、事件の当事者たちです。

彼らは、私がボールを出した頃から、すでに「なんか変だな」と思ってはいます。

そこで、教室を出ていく彼らにそっと付いていき、「不思議なこともあるもんだよな。本当は絶対誰かが遊んでいたんだもんね。心当たりがあるのに名乗り出ることができなかった人は、きっと心がずっと痛んでいるんだろうね」と、他人事のように明るく話しながら一緒に歩きます。

そして、最後にひと言。肩をポンと叩き、「正直になるって難しいよな」と言って立ち去るのです。

子どもから信頼を得るための「三回の法則」

事件を探し、それを最初から最後まで完全に把握してから指導する。これを、私は初期の頃、だいたい**三回**ぐらいやります。

時間を空けずに三つ事件を探して、三つとも適確に解決してみせると、子どもたちは「この先生はもしかしたら全部知っているのかな。知っていて、わざとああしてぼかしているんだ」と確信します。高学年の子に言わせると、私は「ただものじゃない」そうです（笑）。

先ほどのボールの事件でも、最後の最後に当事者の肩をポンと叩く場面は、その事実を知っている周りの子どもたちの目にも入ります。そうすると、「この先生は実は知ってくれている」と思って安心するのです。

私は、第一の事件からあまり間を置かずに第二の事件を探します。それは、掃除の時間などを見れば、すぐに見つかります。

掃除の時間は、片づけをしなかったり、雑巾を投げて遊んでいる子がたくさんいます。まさに事件の巣窟、どれを取り上げてもいいのです。「この雑巾は誰が投げたんだろう」「バケツを片づけなかったのは誰だろう」でもいい。

子どもたちはみんな誰がやったかを知っているけれど、こちらが問い詰めても名前は出しません。だから、一部始終を見ておき、最後に当事者の肩を叩いてひと言、言う。

これなら、真面目に掃除をしていた子たちも溜飲が下がるのです。

こういったことを三回もやれば、子どもたちは「ああ、先生はちゃんと見ていてくれる」と思うようになります。特に低学年にはすごく効き目があります。

以前、出張から帰ってくると、駐車場に子どもたちが並んで私を待ち構えていたことがありました。私が車から降りるなり、神妙な顔で「昨日、出張で先生がいないときに、僕はこういうことをしてしまいました。もう先生は知っていると思いますが……」と謝ってきてびっくりです。

もちろん、私の出張中に起きたことなので、そんなこと知る由もありません。でも、それぐらい効き目があるのです。

最近の私のクラスでは「ちょっと座りなさい」などと言って私が叱る雰囲気を出すと、だいたい「それは僕です」と言って心当たりのある子が名乗り出ます。子どもたちも話を長引かせても仕方がないとわかっているのかもしれません（笑）。

このように、学級指導は実際に起こった事件を取り上げればできます。道徳の授業で「正直になりましょう」などと教えることも大切ですが、日々の子どもの世界を見つめると、こういう「教材」がたくさん眠っているのです。

ただし、取り上げる事件は、最初から最後まできちんと見ておかなければいけません。行き当たりばったりで指導してしまったりすれば、子どもは安心できなくなります。

学級指導も授業も同じです。**算数の授業をするときに「教材研究」をするのと同じように、学級指導をするには「子ども研究」をしなければいけません。**

その第一歩は、とにかく子どもを見ることです。

子どもを変えるのは難しくない？

私が教師になりたての頃、「子どもが帰ったあとの座席を見て、端から順にその子と今日一日どんな話をしたのかを思い浮かべなさい」とよく言われました。提出物のチェックの合間などに「この子とは昼休みに、こういう話をしたな」などと思い返すのです。

全員と話したことを思い浮かべられたとしたら、かなりのもの。たいていは五、六人目ぐらいで、「今日はこの子と話をしていないな」と気づきます。そして、明日はこの子と何か話をしようと反省します。こうして罪悪感をもつことが大事だと言われました。

このことは、今でも心に留めています。

クラスの子どもたちの中には、教師との距離が近い子と、遠い子がいます。先生との距離の違いがものすごくあるのです。元気がない子や、あまり発表しない子もいます。

実は、そういった子を変えようと教師が課題をもって臨みさえすれば、子どもは三日で変わります。ターゲットを絞って働きかければ、おとなしい子も三日で発表できるようになるのです。

自分から発表しない内気な子どもに対して、授業中に無理やり指名して発表させる教師もいます。

しかし、これはなかなか咲かない花を無理矢理開かせているようなものです。つぼみをこじ開けても、花が咲いたことにはならない。花を咲かせるには、まず根に栄養をやらなければいけません。

子どもとの関係で言うと、まずは**その子との距離を縮めること**です。

では、どのように子どもとの距離を縮めていくか。

実は、本当に小さなことです。

朝、その子と出会ったときに、「おはよう」と言うだけではなく、手をタッチするだけでも変わります。

ほかにも、その子のいいところを見つけておいて、廊下ですれ違ったときに「今日のノートに書いてあった式はなかなか面白いね」などと言ってあげる。

低学年だったら、授業中に机間指導しながら頭をなでて「きれいな字になったね」とそっとほめる。高学年になると大げさにほめられると嫌がる子もいますので、そっと、さりげなくほめます。

この**「ささやき戦術」**が効果的なのです。

一つひとつは小さなことですが、大切なのはそれをくり返すこと。

教師がくり返し働きかけることが、子どもの大きな変化につながるのです。

子どもは三日で変わる可能性をもっている！

先ほど紹介した「ささやき戦術」が効果があることは、私自身の実感がもとになっています。

私が今の学校に赴任したばかりの頃、雑誌などに書いた私の原稿を必ずほめてくれる先生がいました。廊下ですれ違う度に、「おまえの○○に載った原稿読んだぞ。最後の三行は秀逸だね」などと言ってくれるのです。会えば毎回、期待を裏切らずに声をかけてくれました。

だから、必死で原稿を書いたあとは、その先生に早く会いたくなったものです。その先生と会うために廊下をぐるぐると歩いたり、タイミングを図ったり、わざと遠回りして出会うようにしたり……そんなかわいい自分がいたわけです（笑）。

そしてあるとき、私が子どもにとってそういう存在になればいいんだと気づきました。**子どもが「先生は私のことを気にかけてくれているんだな」と思うようになったら、どんなときでも教師を見るようになります。**

私のクラスにもあまり発表ができない女の子がいましたが、私はその子にターゲットを絞って、どうにか発表ができるようにしようと距離を縮める努力をしました。

その子とは、いつでもどこでも目を合わせる遊びを始めました。目が合っているときに私がわざと物陰に隠れると、その子が一生懸命目を合わせようとしてくる。集中的にやれば、一日か二日でこういった状態にまでできます。

それでもまだ発表するまでには至りません。机間指導のときに「これ、みんなに教えてあげるといいよ」とお墨付きを与えておいてから、全員に向かって「ところで、これってもっと違う式はないのかな?」と言ってその子と目を合わせるのですが、まだ勇気が出ないのです。

大切なのは、そこで無理やり指名せず、とにかく関係づくりに力を注ぐことです。給食時間などにその子と目を合わせることを続けたり、目が合った瞬間にニコッと笑い返したり、ちょっと茶化してみたり、欠かさずリアクションをします。

小さな働きかけをくり返す

わざと陰に
隠れてみる
1日目
2日目
3日目
さりげなくほめる
給食中にも
アイコンタクト

こういった働きかけをくり返すことで、子どもとの関係が少しずつ紐でつながっていくのです。

三日目には、目で合図をすると、子どもの手が挙がりそうになりました。**子どもは小指から動くから、そこを見ておくといい**とよく言われます。

そのときは、それを意識していたので、子どもの小指がピクッと動いたのが見えました。私は、すかさず「○○ちゃん、言ってごらん」と指名しました。「発表しよう、しよう」と思っていても、しっかり手を挙げるまでには至りませんから、この小指が動く瞬間を逃してはいけません。

四日目。その子の手が初めて少しだけ挙がりました。

子どもは、小さなきっかけをつかむと大きく変わっていきます。その小さなきっかけになるのが教師からの働きかけです。

教師が本気で子どもに働きかければ、子どもは三日で変わる……いや、**「変わると信じる」**ことが大切なのです。

ヒロセン（田中博史先生）と一部六年

私は、三年生まで自分の事が嫌いでした。モジモジしていて、授業中もろくに手を挙げず、周りと同じ反応をする。自分がやりたい事がわかりませんでした。

そんな私を変身させてくれたのが、ヒロセンと一部六年のみんなでした。

クラス替えをした後、とても元気のいいクラスの雰囲気に押され、ちょっと手を挙げてみたら、私の意見をみんながスンナリ受け入れてくれました。

「なんだ。手を挙げて意見を言う事って簡単なんだ。」

と思い、それからは何でも発言できる私になりました。意見を言えるようになると、授業も楽しいし、とても充実感があります。

きっと、私みたいに変身できた人が一部六年にはいっぱいいたんじゃないかな？と思います。

（中略）

このような数えきれないぐらいの体験が私を成長させてくれました。

ヒロセンは、どんな事でも私たちの意見に耳をかしてくれ、願いを叶えてくれました。そして、私たちの力を信じて温かく見守ってくれました。そのおかげで、私たち一部六年が心を一つに出来たのだと思います。

一部六年で過ごすことが出来たから、私はこれからずっと先も、迷う事なくはつらつ元気に進んでいけると思っています。

三年間、本当に楽しかったよ。ありがとう！

「ささやき戦術」で変身できた女の子が書いた作文（卒業文集より抜粋）

自信をもつと、子どもは自ら変わっていく

発表できなかった子が手を挙げられるようになった姿を保護者にも見てもらいたいと思って、ある公開授業で試してみたことがあります。

会場のステージ上で授業をする形式で、会場には千人を超える参観者がいる。千人も見ていれば、普通の子でも緊張します。万が一うまくいかなかったときに子どもたちが引きずりかねないことを考えると、正直、危険な賭けだったかもしれません。

私のターゲットは二人いました。仮にリョウコちゃんとアヤコちゃんとしましょう。二人とも日頃の「ささやき戦術」でつながりができ、教室でもピクリと手が動くようになっていました。準備にぬかりはありませんでした。

公開授業当日、「これを説明できる人」という私からの投げかけに対して、ほとんどの子が手を挙げました。でも、その二人だけは手を挙げません。

私はリョウコちゃんに、「チャンスだ。勇気を出してここでやってごらん」と言いました。

ところが、リョウコちゃんは目を真っ赤にしている。「しまった。時期尚早だったか」と思ったけれど、私も彼女ももうあとには引けない。彼女は目を赤くしながら頑張って発表しました。

発表が終わると、その内容に、見ているみんなが「おお」と感嘆してくれました。

それからもう一人、アヤコちゃんにも「説明してみよう」と声をかけました。でも、こちらも、固まって動けません。「しまった」と思っていたら、先ほどのリョウコちゃんがその子のそばで「頑張ればできるよ」と言いました。「自分もできたから」とアヤコちゃんを応援したのです。

その言葉で勇気を得て、アヤコちゃんの発表もうまくいきました。

授業のあと、二人が黒板の横で手を取り合って喜んでいたのが印象的でした。

その日を境に、この二人はどんどん手を挙げるようになりました。

大勢の前での発表は確かに危険もはらんでいましたが、結果的には千人の前で発表できた。そして、それを保護者も見ていたということが、大きな自信になったのでしょう。

一度、自信をもった子どもは、どんどん成長していくのです。

グループの輪に入っていけない子どもがいたら……

クラスの中には、自分から積極的にグループに入っていけない子どももいます。本当はみんなと一緒に遊びたいのに、なかなか自分からは「仲間に入れて」と声をかけられないタイプの子どもです。

そのようなとき、子どもを仲間に入れてあげたいと思って「○○ちゃんも入れてあげなさいよ」などと教師が言ってしまうと、それではその子のプライドが傷つきます。周りの子もそのときはとりあえず仲間に入れても、あとからきっとその子は陰でいろいろと言われてしまいます。

子ども同士のつき合い方に入り込むには、心理面での配慮がとても重要なのです。

五年生の合宿のとき、クラスに元気のない女の子がいました。仮にサチコちゃんとしておきます。彼女はグループの輪に入っていけず、一人外れて遊んでいました。

その様子に気づいた私は、何げないふりを装ってグループの近くに行きました。そして、ちょっと離れたところにいたサチコちゃんに「サチコちゃん、先生のバッグの中にあるトランプもってきてくれる?」と声をかけました。

サチコちゃんがトランプをもって戻ってきたら「ありがとう。それ開けて配って」とお願いする。そうすれば、サチコちゃんはもう仲間に入らざるを得ないし、周りも「えっ、サチコちゃんを入れたくない」とは絶対に言わない。自然な状況でみんなと遊び始めました。

サチコちゃんは、合宿から戻ってきたあと、急に元気になっていました。その変わりようを見て驚いたお母さんから「魔法です」と連絡をもらったほどです。

でも、このような魔法はまたすぐ解けます。魔法をかけて、少したつと解けて、また魔法をかけて……このくり返しです。

子どもたちも巻き込みながら、この小さな魔法をくり返しかけることで、子ども同士の距離は着実に近づいていくのです。

お願い!
ありがとう
配ってくれる?

トランプの方法は、普段の教室でも応用できます。

何か物を取りに行かせてその子が戻ってきたら、「ちょっと配って」「一人三枚ずつね」などと役割を自然にあげるのです。

子どもたちが遊び始めたら、その子がグループに馴染んだのを見計らって、教師はそっといなくなればいいのです。

子どもを「見る」ヒントを子どもにもらう

教師がどんなに目を凝らして子どもたちを見ていても、見えてこないことというのも必ずあります。子どもの世界でも日々、人間関係が動いているので、表に見えているのはほんの氷山の一角ということもあるからです。

特に休み時間や放課後のことは、教師にはなかなか見えてきません。子どもたちだけで遊んでいても、そこに先生が現れた瞬間、その場は別世界になります。とりわけ優等生タイプの子の本性などは、私たちには絶対に見えないものです。

子どもの世界のことは、子どもが一番よく知っています。ですから、**元気のない子どもや落ち込んでいる子どもをケアしようというとき、子どもたちにヒントをもらうというの**

もう一つの方法です。

とはいえ、尋問のような雰囲気で子どもたちに尋ねてしまうと、聞かれた子どもも構えてしまいます。あくまで雑談のような雰囲気で話をします。

たとえば、クラスのやんちゃ坊主に、「昨日の帰り、どうだった？」と私が聞けば、「うん、〇〇と鬼ごっこしてさ。〇〇が帽子を投げて、中庭の池に落ちちゃったんだよ」とさらりと告白してくれます。

「そうなのか、帽子が池に落ちたら大変だっただろう」「うん、〇〇はそのあと泣いててさ、でも、洗って乾かしたから問題ないよ」。雑談という雰囲気で話ができれば、子どもはちゃんと本当のことを話してくれます。

こういうとき、怒られると思ったら、子どもはしゃべらなくなります。「帽子を池に落とした」と聞いて「ちょっと待て、それどういうことだ？」などと問いつめれば、その瞬間を境に子どもは口をつぐんでしまうのです。

子ども同士のつき合いをケアするときには、その背景まで見ておくことが欠かせません。ただし、**目的なしに見て回っても何も見えてこないので、「見る」ためのヒントを子ども**

からもらっているのです。

雑談のような雰囲気で、「この子とこの子との関係が崩れている」などという情報が手に入れば、そのヒントをもとに目的をもって子どもを見ることができるでしょう。

子どもを動かすというと、「教師」対「子ども」というような図式で取り組むようなイメージがあるかもしれません。

でも、一番効果が出やすいのは、子どもたちも巻き込んでクラスを育てていくこと。

集団を動かす秘訣は、こんなところにもあるのです。

子どもだって、教師を見ている

教師が子どもを見るのと同じように、子どもも教師を見ています。

中学校などになると、数学の先生にわざと難しい問題をもっていって反応を見て、「できないのか」とほくそ笑む子がいます。そこで先生が「今ちょっと忙しいから、またあとでな」などとごまかしたら、子どもにはすぐにそうとわかるのです。

小学校の子どもたちも、高学年になると同じようなことをしたがります。

しかし、ここで変なプライドを見せる必要はありません。

私なら、子どもが難しい問題をもってきたら、「すごいなあ、これ、どこから探してきたの。これ、○○くんは解けるの。負けたよ」などと言います。そして子どもが「だからさ、これはこうやって、ここに一本線を引きさえすれば……」と自慢げにしゃべったら、

「ああ、なるほどなあ」と言って感心します。

とはいえ、このまま引き下がると、あとで何を言われるかわかりません（笑）。ですから、「すごいな。でも今、思いついたんだけど、これ、こっち側に一本引いてもできるみたいだよ」などとちょっと反撃したりもします。

いずれにせよ、**自分にはできないと思うことを目の前に出されたときでも、いったん受け入れる**ということです。受け入れて、自分も苦手なことがあるということを子どもたちに言ってもいい。

そこで、なめられてはいけないと思って頑張ってしまうと、もう一歩踏み込まれたときに対処できなくなってしまうのです。

ですから、子どもたちとの関係を築いていくという意味では、教師が弱点を見せることがあってもいいと思います。

特に高学年では、いつも教師が引っ張っていくというだけでなく、ときには子どもと肩を並べてやりとりをするような関係を築くことができると面白いものです。

最近の出来事で言えば、こんなことがありました。

週末に保護者主催の学校行事が予定されていた前日、子どもたちに言いました。「明日からお母さんたちが学校にやってきて、この教室をお祭りに使うんだ。今から全員で片づけをしよう」。

そうして、「じゃあ、まず『ここを何とかしなければいけない』と思うところを自分で探して取りかかろう」と言った途端、女の子たちがみんな一斉に私の机に集まってきたのです。「は？」と思ったら、「ここが一番問題なんです」と言われてしまって「そうか、ここか……」と冷や汗をかきました（笑）。

「片づけなさい」と指示をしたとき、自分の身の回りにだけ目を向けるのでなく、指示をした張本人である私の机に集まってくれた。

実際にそこが一番の問題だったからではあるにしても（笑）、そのような子どもとの関係が私には嬉しく思えるのです。

同じようなことが、研究会の前日にもありました。子どもたちが私の机を片づけてくれると言う。「よし、まかせた」と言ったはいいけれど、使おうと思っていたプリントを全部、子どもたちが私の引き出しにしまっていた。

翌日の授業で「さてここで……、あれ？　あのプリントは、どこやった？」「上から三番目の引き出し」「……ということは、見たってこと？」（笑）。私もこんな失敗がときにはあります（もちろん、個人情報に関わるものがあるときには片づけてもらうことはしませんが……）。

教師自身ができないことは子どもに対しても指導できないと考えている先生もいるようですが、私はそうは思いません。

教師自身が頑張っているという姿勢を見せることは必要ですが、そもそもすべて完璧な先生などいないのです。

先日、中学生になった教え子が遊びに来てくれたときに、「中学校の先生はみんな、自分たちにできないことを私たちにやれって言うんだよ」と不満をもらしていました。

そこで私が「あ、そう。でも悪いけど、博史先生も自分にはできないけれど、こういうことができたらいいなと思うことは言ってきたよ」と言うと、子どもたちは「えっ、そう？」と驚いた顔をする。

「だって、私にしかできないことを言ったら、あなたたちは私以上の人間にはなれないでしょう。だから私は、自分にはできないけれど、こういうことができるともっと上回れるなと思うことは言ってきた」。

子どもたちの顔がパッと明るくなり、「うん、そういう言い方をされるならいい」と言って笑ってくれました。

第3章
ほめるための仕組みをつくる
――ほめる・叱る

子どもが変身するほめ方とは

この本を読んでいる先生方は、どういう基準で子どもをほめているでしょうか。

なかには、「とにかくほめて育てる」という信念のもと、子どもがしたことを何でもほめる先生もいるようです。教師側の意図とは違うことをしたり、答えたりした子どもでも、何かほめるところを探して「すばらしい」と言う。

でも、ほめられた子どもは「こういうことをするとほめられるんだ」と勘違いし、周りのみんなも真似するようになります。そうすると、教室全体がおかしな方向に進んでしまうこともあるのです。

教師は、ほめたことで「子どもが変身する」「周りの子にも波及する」ということを前

提にほめなければいけません。ちゃんと自分の価値観と基準をもっておくことが大切です。

その上で、自分の意図と違うことをした子には「頑張って答えたのはすごいけれど、今先生が聞いているのはそういうことじゃないよ」と言う必要があります。

そして、ほめるときにも「この子をこうやってほめると、教室がこう変わるからほめよう」といった教室全体への影響を常に頭に置いておくのです。


これは、私が体験したことなのですが、一年生が給食を食べていたときに、ある子の牛乳瓶がパタッと倒れました。同じグループにいた四人のうち一人は、すぐに「○○ちゃん、大変！」と言ってあと始末を手伝ってくれた。でも、二人はもくもくと食べ続けました。

私は片づけが終わったときに、「先生は手伝ってくれた△△くんとはお友達になりたいな。でも、友達が困っていてもずっと知らない顔で食べ続けた子とは友達になれないなあ。今度自分が牛乳をこぼしたとき、みんながずっと食べ続けたらどうする？」と言いました。やってはいけないことと、やっていいことを同時に伝えたのです。

これは、グループの子だけでなくクラス全体にも聞こえますから、私の価値観を全員に伝えているわけです。

その数日後、また別の誰かが牛乳をこぼしてしまいました（うちの学校の牛乳は瓶だからよくこぼれるんです）。その途端、クラス中の子が一斉に雑巾を取りに行きました。数日前の私の話を覚えていたのでしょう。

ところが、雑巾を取りに行くことに気を取られて、机にぶつかってしまう——その衝撃で牛乳瓶がバタバタと倒れてしまって、かえって大変なことに……教室が真っ白になったことがあります（笑）。

さすがにそのときは「しまった、ほめすぎちゃったかな」と思いましたが、子どもは教師のひと言でこれほどまでに変わるのです。

クラスが動く「ほめ方の三段ロケット」

子どもをほめてクラスを動かすには、三段階のほめ方が必要です。三段階できちんとほめれば、子どもたちは目に見えて変わります。

まず、教室の誰か一人を一回ほめると、周りの子は「今度は私がほめられたい」と思って動きます。ところが、ほとんどの教師は二回目はほめません。一回ほめると子どもが変身するので、ほめる必要を感じなくなるのでしょう。

でも、一度変身した子も二回目にほめられないと元に戻ってしまいます。「ほめられないなら、意味ないや」と思うのです。

そこで、私が実践しているのが「**ほめ方の三段ロケット**」です。**要は「子どもは三段階でほめる」ということ**です。

最初のほめ方、一段目は誰か一人の子どもをほめます。

そして、二段目は「さっき◯◯ちゃんをほめたら、あなたもできるようになったね。すごいね」とほめる。この二段目ロケットに点火すると、真似する子が急激に増えます。

そうしたら三段目、「全員変わったね。みんなができるようになった。すごいね」。

小さなことですが、こういうことをちょっと意識するかしないかで教室全体に大きな差が出てくるのです。

そして、もう一つ、「ほめるための仕組み」をつくることも重要です。**子どもをほめる材料が集まるように、教師側から仕掛けていく**のです。

給食当番の例で説明しましょう。私の学級には給食当番が四人しかいません。ほかの先生に聞いたら、だいたい六〜八人はいるようですが、私は低学年でも四人でやらせます。

この話をすると、「そんな少人数でできるのですか」と聞かれますが、当然、四人では手が足りません。だから、当番の子は必死になります。さぼって遊ぶ子などは一人もいません。

3段目
good
2段目
good
1段目
good
ほめ方の
三段ロケット

実は、給食当番を八人にするのは、「誰かがさぼってもいいように」という教師の保険でもあります。そうすると、やっぱり遊ぶ子がいて叱ることになる。さらには「○○ちゃんは、給食当番なのに何もしない」という不満をも生み出しかねません。

これでは叱るための仕組み、子どもが負の感情を抱くための仕組みをわざわざつくっているようなものです。

私なら、ほめるための仕組みをつくります。給食当番を四人にすると、みんなさぼらないけれど、間に合わない。そうなったら、「じゃあ、私は牛乳配ってあげるね」と言って手伝う子が必ず出てきます。私はその場では何も言わないけれど、そういった動きは見ておきます。

それで給食の準備が整ったときに、「給食当番の四人はすごく頑張ったよ。でも、四人だけではうまくいかなかったんだ。実はね、○○ちゃんが『牛乳配ってあげるね』と言ってせっせと動いたんだよ」と全員の前でほめる。すると、翌日には、多くの子がせっせと手伝うようになっているわけです。

三段階でほめることと、ほめるための仕組みをつくること。

この二つを意識しておくだけで、子どもたちの動きに変化が起こります。

一定の基準をもって子どもを叱る

子どもを叱る場面ではどうするか。

まず重要なのは、**叱るラインを一定に保っておくこと**です。

卒業した私の教え子が「博史先生は怖かったけど、実は一番つき合いやすかった」と言ってくれました。それは「何をすれば怒るかが一貫していて、そこに踏み込まなければ大丈夫だから」なのだそうです。

これは、大人の世界でも同じはずです。みなさんも、一番つき合いづらいと感じるのは、怒りの境界線があいまいな人や、その場の思いつきで叱る人ではないでしょうか。

たとえば、家庭での子どもと親とのやりとりを想像してみてください。

昨日は九時半までテレビを見ていても怒られなかったのに、今日は八時五十分で「早くお風呂に入りなさい」などと怒られる。子どもは「昨日はいいって言ったのに、なんで今日は駄目なの」と感じるはずです。こういったあいまいな叱り方をすると、子どもは自分で考えて行動するということができなくなります。

反対に「九時半になったら叱られる」という基準が定着していたら、その前に必ず自分から動く子になる。だからこそ、最初に引く基準のラインが大事なのです。

私は、**一年間の始めには、叱る基準をあえて子どもたちに見せる**ということを意識的にやっています。「事件」を探す要領で「友達を傷つける、裏切る、嘘をつく」などの材料を見つけて叱り、私なりの基準を見せておくのです。

さらに重要なことは、**その基準は一本の細い境界線ではなく、「ここまではみ出ることは想定内」という幅をもったラインにしておく**ことです。ラインの中心は教師が望んでいる基準だけれども、そこから一歩でも出たら駄目だというのではなく、子どもたちが少しはみ出すことはあらかじめ想定しておくわけです。

これは、自動車のハンドルの遊びと同じことです。もしハンドルに遊びがなければ、いちいちデリケートに反応してしまってとても運転しにくい。子どもを叱るときも同じで、

基準は一定
ゆとりを持たせる
叱る
ZONE
叱らない
ZONE

心のゆとりをもっておくことが欠かせません。

一定の基準をもって叱ることと、幅をもったラインで見守ること。

これらは一見、矛盾する構えのように感じるかもしれませんが、**この微妙なバランスをとることが実はとても大切なこと**です。

このバランス感覚が、子どもたちとの信頼を築く鍵であり、結果的には子どもたちを叱らずに済むことにもつながります。

叱り方も「使い分け」が大切

私の学校には約千人の子どもがいますが、講堂で集会などを行うと、子どもたちの私語でガヤガヤしているときがあります。

ですが、私が生活指導主任をやっていた頃は、どんなににぎやかでも私がマイクをもってスッと前に立つと、ピタッと静かになりました。ほかの先生たちからは「魔法だ」と言われていたほどです。

子どもたちは、私を怒らせると怖いということをよく知っています。さらに、私が何をしたら怒るか、その基準がわかっているからこそ、静かになります。

普段から叱る基準を明確にしておけば、子どもを叱る回数もグッと減らすことができるのです。

さらに、**子どもを叱るときには、クラス全体で叱るのか、それとも個人で叱るのかという使い分けも大切**です。この二つの場面を使い分けることが、効果的な指導につながるのです。

全体で叱るときは、クラス全員に関係のある事柄でなければいけません。個人的な問題をクラス全体で取り上げてしまうと、その子どもにレッテルを貼ることになるからです。ですから、誰かが大事な用件を忘れていたなどといった個人的な問題のときは、当事者だけをそっと呼び出して教室の外で叱るようにします。

一方で、一見すると個人的な問題のようなことでも、全体の前で取り上げて叱ることが効果的な場合もあります。

たとえば、メダカのえさやり係だった子どもが仕事をさぼり、メダカが死んでしまった。たまたまメダカが死んだことで、その子のさぼりが発覚したけれども、最近はほかの子も係の仕事をさぼりがちになっている。こういう場合は、全体の前で取り上げてもいいのです。

このように、**教師は叱るべき対象がその子の個人的なことなのか、クラス全体で考える**

必要があることなのかをとっさに判断する必要があります。

全体の前で叱るか、個人的に叱るかという使い分けのほかに、私は叱り方にもバリエーションをもたせています。

あるとき、先輩の先生に「おまえの叱り方は効くだろうな」と言われたことがあります。それは、叱っているときだけ「です・ます調」になるからだそうです。

私は普段、子どもたちにざっくばらんに話しかけます。そんな私が「ちょっと今日は君たちに話したいことがあります。座りなさい」とやると、子どもたちは怖い。みんな一瞬でシーンとなります。

もちろん「です・ます調」だけでなく、いくつかのパターンを意識して使い分けています。激高するときもありますし、感情を抑えて淡々と説くこともある。そうしていろいろな面を出すことで、子どもたちに「田中博史という人間」を教えておくのも大事なことではないかと思います。

子どもを叱るにも、いつも同じやり方ではなく、その場や状況に応じて最適な方法を考える必要があるのです。

子どもを叱るべきとき、叱ってはいけないとき

私は、友達を傷つける、裏切る、嘘をつく、人に迷惑をかける、こういうことをした子どもは徹底的に叱ります。

逆に言えば、失敗しようが、多少ものを忘れようが、遅刻しようが、それほど大きく叱ることはありません。なぜなら、**遅刻や忘れ物の原因には、子どもの努力では解決できないものもあるから**です。

以前、私が担任したクラスでの出来事です。運動会を間近に控え、子どもたちはいつもより早く七時四十五分に集合して練習しようと決めました。

ところが、ある男の子はいつも八時十分に駆け込んでくる。私が「明日だけでもいいか

ら、頑張って起きてこないか」と声をかけた翌日も、その子が学校に到着したのは、やはり八時十分きっかりでした。

当初は、遅刻の原因はその子の意識の問題なのだろうと思っていました。しかし、その子の日記を読んで、そうでないことがわかったのです。

その子自身はちゃんと早起きしていた。でも、お母さんはいつもの時間にしか起きられない。いつものタイミングで朝食が始まり、その子が「もう間に合わないから」と食べずに出かけようとすると、「それなら、もう明日からは絶対にご飯をつくらない」とお母さんが怒ってしまった——日記には、そのように書かれていました。

これは、自分の生活に置き換えてみるとよくわかります。みなさんも「明日から毎日、十五分早く出勤しなさい」と言われたら大変なはずです。家族全員の生活リズムから変えていかなければならないこともあるでしょう。

それでも私たちは大人ですから、まだ自由がきく。しかし、**保護者のもとで育っている子どもにとって、家庭のルールやリズムを変えることはとても難しい**のです。

子どもの忘れ物でも同様です。

ある子どもが、分度器を買うお金をちょうだいとお母さんに頼んだら、「明日買ってきてあげるから」と言われた。でも、お母さんは忙しくて忘れてしまった。

授業の朝、「分度器、今日使うのに」と言ったら「なんでもっと早く言わないの」と反論されてしまった。だったら最初から自分で買ってきたのに——これも、子どもが実際に日記に書いてきたことです。


つまり、**子どもがいくら努力しても、それだけではどうしようもないことがある**ということです。学校の中だけで完結せず、家に帰って何かをやってくるということに関しては、必ずそのことを踏まえておく必要があります。

家庭が絡むことに関して、教師が一律平等に「こうしなさい」と言うのは難しい場合もあります。遅刻や忘れ物は、そのいい例でしょう。

家庭の問題なのか、その子の意識の問題なのか。それを判断するには、家庭が絡まない課題を与えてみるとよいでしょう。たとえば、「このプリントを宿題としてやってきなさい」といったものです。それも時間のかかるものではなく、簡単なもののほうがいい。

もし、その子が簡単な課題のときにはクリアできるようなら、遅刻や忘れ物は家庭の問題である可能性もあると考えてあげたほうがよいかもしれませんね。

机間指導をするときの意外な注意点

机間指導をするとき、特に高学年の子どもの場合には配慮が必要です。

子どもたちが問題を解いたり、作業をしたりしているとき、どこで、どのタイミングで立ち止まるか。ここは気をつけておく必要があります。

多くの先生は、できていない子のそばに座って「どう？　どこがわからない？」と聞きますが、実はその行為を五、六年生の女の子はとても嫌がります。「私ができていないってことがクラス中にわかってしまうから」というわけです。教師はよかれと思ってやっていても、逆に子どもの心が離れていくことはあるのです。

できていない子に個別指導をするなら、クラスの中で一番できる子のそばでも立ち止ま

ることです。立ち止まって、「これ、どうやって解いたの」「ああ、面白いね」などと話します。そうすれば、教師が自分のところで立ち止まったときに、できない子が負担を感じることもなくなります。

これは、ほめるときも同じです。クラスの中で一人だけほめると、休み時間にいじめられたりする子もいます。「あなた、いつも先生にほめられていいわね」と、嫌みを言われるということもあるのです。

ですから、**子どもはただほめればいいというものではなく、ほめられた子どもがどう感じるか、周りの子どもがどう受け取るかということまで配慮する必要があります。**

子どもをほめたときに表情を見ていて、その子がにこやかならそれでいい。でも、少しでも顔が曇ったら、その子の背景に何かあると思わなければいけません。

だいたい、教師に対して心を閉ざしていたり距離を置いていたりする子どもというのは、教師と直接的に何かあったというよりも、教師に何か言われたことが原因でそのあといろいろ起きて傷ついた経験がある場合が多いのです。

ですから、ほめるにしてもいきなり人前で声がけするのでなく、まずは下地づくりから始めます。まずは、廊下ですれ違いざまにそっとささやきかけることをくり返して反応を見ます。一対一のときはほめられるとニコッとするのに、みんなの前では嫌がるとしたら、その背景に何かがあります。

このように、**学校という場では、常に集団の中の個であることを意識しつつ、一人ひとりのちょっとした表情やしぐさを見ておくこと**が必要です。

大人がこうして配慮していることが伝わると、子どもたちは安心して自分の感情を素直に表現できるようになります。すると、子どもたちは途端に〝幼く〟見えるようになるはずです。

誰かが忘れ物をしたときは……

「先生、コンパスを忘れました」。

「しょうがないね。悔やんでコンパスが出てくればいいけど、出てこないんだから、ほかの方法を考えなさい。とにかく人に迷惑をかけなければいいよ」。

クラスでの私と子どもとのやりとりです。

そうして、いざ円をかく作業が始まります。周りの子が気を利かせてコンパスを貸してくれたらそれでいい。

でも、そうでないときには、机間指導をしながら、レンタル用の予備のコンパスを忘れた子の机にそっと置いてあげます。

そのうちに、子どもたちも気づき始めます。「あれ、おまえ、コンパス忘れたって言ってなかったっけ？」「うん、そうなんだけど……」というやりとりの中で、「博史先生、実はあの子の机の上にそっと置いていった」と勘づいていく。

そのことが、「先生は忘れ物は駄目って言っていても、私たちのことをちゃんと助けてくれている」という安心感につながっていきます。同時に、困っている人を助けるという指導にもなるのです。

ちなみに、私のクラスには、レンタル三角定規、レンタルコンパス、レンタル分度器などをいくつか常備してあります。でも、レンタルはきちんと返却期限を設けますし、何度も延滞する子どもには貸さないことにしています。

このように、**忘れ物をした子どもへの接し方一つをとっても、周りへの影響を常に考えた上で行動すれば、クラス全体への指導にもなります。**

忘れ物をした子どもを叱ってクラスの空気を重くするよりも、ずっと建設的で効果的な指導ができるのです。

常に周りへの影響を考えて指導する――このことは、たとえばクラス全員の前で一人の子を注意するといった場面でも同じことです。

かつての私のクラスのある男の子の話です。この子は忘れ物も多いし、着替えも遅い。いろいろと問題の多い子でした（そういう子ほど実はかわいいのですが……笑）。

その子には、「いいか、ここまで言って駄目だったら、もう知らないぞ」と何度か注意をしていました。

ところが、私が全員の前で怖い顔をして注意をすると、それだけではクラス全体の雰囲気が悪くなってしまう。「また○○くんのせいで嫌な空気になってしまった。おまえいい加減にしろよ」と、叱られた子が周りの友達にまで責められることになってしまいます。

ですから、私は注意している子がこちらを向いているときは怒った顔をしているけれど、その子が後ろを向いた瞬間にはニコッと笑う、そしてまた前を向いたら怒った顔に戻す、それをゲームのようにくり返しました。教室には温かい空気が生まれます。

教師はいつも、クラスの子どもたち全員を視野に入れて動く必要があります。忘れ物をした子に対処する。問題のある子に対処する。

対処する子どもは一人だとしても、それが全体にどう波及していくかを考えながら動くことが、クラスづくりの大切なポイントだと思うのです。

2面相
ゲーム
ニコッ

自分の姿は、自分が一番見えていない？

研究授業や参観日で、子どもに対して「今日はあなたたち、どうしたの？　いつものようにしゃべらないね。緊張してるの？」と言っている先生がいますが、私に言わせれば「それは先生自身が緊張しているから」なのです。

鎧兜を自分で着てしまえば、相手も鎧兜を着る。自分の緊張が子どもに伝染しているわけです。これは、自分では意外と気がつかない姿かもしれません。

自分で自分の姿が見えていないということは、子どもに接しているときに少なからず起こり得ます。授業がうまくなりたいなら自分の授業を録画して見返しなさいと言われますが、できれば学級指導のときも撮っておくといいのです。

もちろん、子どもを叱っているときの自分など、みなさんも絶対に見たくはないはずですが……（笑）。

私の場合は、参観者や研修生が教室にいることが多いです。その中で子どもを叱っているので、あとからその先生たちに指摘されて自分を振り返ることもあります。

もう十年以上も前に、三カ月間、研修生として来ていた先生からは、「何が勉強になったかというと、実は子どもの叱り方が一番勉強になりました」と言われたことがあります。研修に来ていた当時も、私が子どもたちを叱っている様子を放課後などに解説してくれました。

曰く、「田中先生はおそらく、一番かわいがっているだろうなと思う女の子もきちんと叱っている」。そのときのいつも叱られてばかりの男の子の反応が面白くて、「ああ、この子でも叱られるんだ」とほっとした表情をしていたと言うのです。

男の先生は女の子をあまり叱れないと言われていることが多く、男の子たちにはそれが「ひいき」だと映ることがあります。ですから、やはり駄目なときは誰でも叱られるという場面を見せておくことは必要です。

その当時の私はそれを意識していなかったのですが、今では、あえてそういう場面をつくることも大切だと思っています。

子どもを変えるヒントは身近なところに

ちょうどこの原稿を書いている前日に、嬉しいことがありました。クラスの子どもからほめられたのです（笑）。その出来事について書きましょう。

この週末は土日ともに学校行事があり、月曜と火曜は代休でした。その次の水曜日には、クラスの子の誕生日が控えていました。子どもの誕生日には私も一緒にお祝いをしているのですが、水曜は朝から出張の予定が入っていたのです。

火曜日が代休だということをうっかり忘れていた私は、誕生日が水曜の子のお祝いを火曜に前倒しでやろうと考えていました。かといって、前もってそのことを伝えてしまうと子どもたちから「え、出張に行くの⁉」と怒られる（笑）。火曜にお祝いをやって「ごめんな。明日は出張だから」とお茶を濁してしまおうと思っていました。

火曜が休みということに気づいたのは、月曜日になってからです。気づいた瞬間、「まずい！」と思いました。休みの前に、誕生日の子どもから「水曜日は私の誕生日だからね、忘れないでね」と念押しされたシーンが頭をよぎりました。

水曜の出張は、朝十時の飛行機です。普通なら直接空港に向かうところです。でも……朝だけ学校で過ごして八時半に学校を出れば、間に合わないことはない。

迎えた水曜日。私は普段通りに学校へ行き、八時十分に子どもを集めて誕生日の子のお祝いをしました。八時半までは普通に過ごして「実は先生、これから出張なんだ」と発表すると、予想通りみんなは「えーっ、出張に行っちゃうの⁉」とブーイング。

そんな中、数名の女の子たちが私に言ってくれたのです。「え？　ということは何？今日は○○ちゃんの誕生日のためだけに朝来たってこと？」と気づいてくれました。

クラスの大半が「えーっ、出張⁉」となっている中で、彼女たちは「じゃ、偉いじゃん」と私に言ってくれたのです（笑）。

まさに、子どもから私への嬉しい「逆ささやき戦術」でした。

大人だって、頑張ったことをほめられればこんなに嬉しいのです。私たちが子どもにかける言葉の効果は十倍でしょう。

子どもの世界も大人の世界も、基本的にはそう変わりません。

自分が嬉しいと思うことを子どもに返していく。

そんな素直な発想で指導していくのが、実は子どもが動くエネルギーを育てる一番の方法なのではないでしょうか。

第４章

一人の子どもに変化を起こす

――変化を広げる

「一人の変化」が「クラスの変化」を起こす

周りの先生たちを見ていると、クラスの全員を同じように育てていこうと構えすぎているように感じます。「みんなよくできたね」「ここまでよく頑張ったね」と全体でほめ、常に全員を同時に伸ばそうとしているわけです。

もちろん、全員の子どもを育てようとする意識は大切なことです。

ただし、そのためにはやり方があります。

クラスを育てるには、最初から全員を同時に育てようとするよりも、まずは一人に絞って取り組んでみます。その一人の変化を教師が拾ってそれを周りに広げていくほうが効果は出やすいと私は思っています。

たとえば、子どもたちの「発表できる力」「説明する力」を育てたいというときも、ま

一人の変化を
周りに広げていく

ずはどの子を変身させるかを決めます。このときに、最初から発表が一番苦手な子を変えようとするのは、あまりおすすめできません。

これは教師の力にもよりますが、まずは**「ちょっと勉強はわかっているけれど発表しない子」「もうちょっとやれば何とかなりそうなのだけれど控えめな子」**に的《まと》を当てて取り組んでみます。

そして、その子たちに前述の「ささやき戦術」をくり返して変化を見ていきます。

さらに、的を絞った子の隣に、いつもよく発表する子がいたりすれば、その子に協力を頼むこともあります。

「隣の○○も発表ができるようになるといいなと先生は思っているんだ」「○○が頑張って説明したら、ちゃんとほめてあげてね」「君もいっぱいしゃべりたいだろうけど、今日はしっかり聞いてあげて」などと、周りの子どもたちにもお願いしておくのです。

そうして一人に変化が起き始めると、周りの子が「えっ、あの子が発表している」と感じます。教師も「すごいなあ」などとほめながら変化を認めていくのです。

このような流れができれば、周りの子どもたちも「あの子が発表を頑張れるなら、私もできるかも」と、どんどん広がっていくのです。

全員を平等に育てようと思ってエネルギーを注いでいると、みんなちょっとずつしか芽を出しません。全員がゆっくりしか育たない。

変身しそうな子どもにまずは集中的に水を注ぐことが、実はクラス全体の雰囲気が大きく変わることにつながることもあるのです。

学級づくりと授業づくりは同時進行で

学級づくりと授業づくり、この二つを分けて考えたのでは効果は出ません。

最初の二カ月で学級づくりをしっかりやって、学級が落ち着いたら授業づくりに取り組もうなどと考える先生もいるかもしれませんが、それではうまくいかないのです。

四月、五月も授業は毎日やっています。一日の中では授業の時間のほうが長いのですから、その中で学級づくりが同時に進行していると思うことが大切です。

子どもは先生の姿を見て、何が本音かよくわかっています。

学級活動では「苦手な人たちも一緒にクラスみんなで頑張ろう」と言っておきながら、授業中にはできる子どもだけしか指名しない――そんな先生が、学級活動で「ほら、君たち、苦手な人にもちゃんと役割をあげなさい」などと言っても、子どもたちは心の中で「先生はやっていないじゃないか」と思うでしょう。

子どもは教師の真似をします。「この先生、言ってることとやってることが違う」と子どもが思った瞬間から、先生の言うことは聞かなくなってしまいます。

「こんなクラスをつくりたい」「こんな子どもたちに育てたい」と思うなら、教師も授業の中でそのような姿勢を見せ続けていくことです。

必要なのはむしろ、**授業の中でこそ学級づくりをするという意識**です。

私のクラスの子どもたちは、発表者が聞き手の様子を見ながら話をします。「〜はこうなるでしょう。それで……」などと説明しているときに誰かが「えっ？」と言うと、発表者が「今、『えっ？』と思ったのはなぜ？」と問い返します。話し手が聞き手の理解度に合わせて話をするのです。

これはまさに私が授業でやっていることなのですが、子どもはこうして教師の真似をしているのです。私が授業中に「それ、いいね。面白いね、君の言い方は面白い」と言うと、子どもたちもみんなわざと真似をします（笑）。

このような話し方は、休み時間などの子どもたちのやりとりや、お互いの関係づくりなどにも発揮されていきます。

「一人の変化」を「クラスの変化」につなげていく。

「授業での変化」も「それ以外の場面での変化」へとつなげていく。

大切なのは、「ターゲット」を絞って変化を起こしながら、その一つひとつの変化を見てほめて、周りに広げていくという発想をもつことです。

「発表できない子ども」に変化を起こす

授業中の子どもの発表は二通りに分けられます。

一つは**創造的な発表**、もう一つは**すでにあるものを再現する発表**です。

前者は、アイデアを思いついたり、何かを生み出したりするものです。これは意欲や技術といった面だけでなく能力やセンスも問われるので、子どもによって差がつきやすい部分だと言えるでしょう。

一方、後者の再現活動なら、すでにあるアイデアを聞き取ることができれば、それを発表することは誰もが一歩目を踏み出せます。アイデアを出すことはまだ難しいという段階の子どもでも、練習次第で鍛えていくことができるのです。

発表できない子どもを発表できるようにしたいなら、この二つをしっかりと区別しておく必要があります。そして、まずは**再現活動ができるように働きかけていく。そのほうが発表するということのハードルを越えやすくなります。**

教師が最初の発問をする。そこでいきなり発表できない子どもを指名することは避けます。まずは誰かほかの子どもに言わせておいてから、「今の○○くんの話、面白かったね」と聞き、「うん、面白かった」と返ってきたら「どんなことが？」と問い返します。

これなら、先行で発表した子が話した内容があるので、自分で考えたことを発表するのが苦手な子どもも言いやすくなるでしょう。

とはいえ、わかったつもりなんだけど、深くは考えていなかったということは大いにあります。聞き手の子どもが「えーっと、えーっと……」となったら、「じゃあ、もう一回説明してもらおうね」と言って発表者にもう一度説明してもらいます。

そのとき、「発表を聞いていて、自分が何か新しく思ったことがあったら、それをつけ加えていいよ」などと言っておけば、ちょっと前進するはずです。

さらに言えば、子どもが面白いアイデアを発表しているとき、私は「ちょっとストップ」と言って途中で止めることもあります。そうしておいてから、ほかの子どもに続きを言わせてみます。これなら、自分でつけ加える余地があるから言いやすいのです。

クラスの誕生日イベントを子どもたちに考えさせたときに、あえてあいまいな投げかけをした話を先に書きました。子どもに考えさせたいなら、考える余地を少し残しておいてあげればいいのです。

算数の授業で発表を途中で止めるというのも、同じです。全部聞かせてしまうと、ほかの子どもが考える余地がなくなってしまうからです。

そうさせないために、クラス全体のバランスを見ながら教師が意識して子どもたちを動かしていくのです。

「話を聞けない子ども」に変化を起こす

前の章で、子どもは、なんでもほめればいいというものではなく、周りの子どもたちへの影響を考えてほめることが大切だと書きました。

授業中のやりとりでも同じで、大切なのは、「先生や友達がこう尋ねているのだから、こう答えよう」と頑張っている子どもをほめて授業を動かしていくことです。

逆に、思いついたままに発言する子どもの言葉を拾ってほめてしまうと、教師の問いかけにきちんと正対して考えようとしている子どもたちが頑張らなくなります。

ですから私は、子どもが聞いてもいないことを返してきたら、「今、先生はそういうことを尋ねたっけ?」と聞き返します。

逆パターンとして**「答えじゃなくて、先生の尋ねたことは何?」**と聞くこともあります。

子どもたち同士で「答えるべきことはどういうこと?」と話し合わせれば、人の話に真剣に向き合おうとする態度が育っていくのです。

実は、算数の研究会などで私が司会をしているときにも、パネリストの先生たちに対して私は同じことをやっています。議論と関係ないことをしゃべろうとする先生がいれば、「今、そういうことは聞いていません」「今、この先生が言っていることは、そういうことではありません」などときちんと言って、話を交通整理します。

私が一番嫌いなのは、「お答えになったかどうかはわかりませんが」という答弁です。もしそのような話し方をする人がいたときは、「じゃあ、『お答えになった』かどうか、私が確かめてみます」と言って話をもとに戻します。

そして、質問者に「あなたの尋ねたいことは何ですか?」と戻したり、回答者に「今の質問の答えになっていますか?」と聞いたりなど、きちんと正対してもらうのです。

こうすると、大人だってもう一回真剣に考えるものです。

「聞く力」というのは、「人に正対する力」と言い換えてもいいでしょう。**議論の場でも**

授業の中でも、自分の考えだけ言えばいいというものではなく、相手にきちんと向き合う中で、自分の考えを伝えていく必要がある。

授業の中で子どもに接するときにも、そこをきちんと意識しておくことです。

「話すのが苦手な子ども」に変化を起こす

この原稿を書いている今、私のクラスでは劇の練習をしています。私が書いた台本を渡してお芝居をさせているのですが、その練習では「誰かがセリフを言うときに、セリフを言わない子どもたちも芝居をしなさい」と子どもたちに伝えています。

子どもたちの劇を見ていると、自分のセリフのときだけ頑張って、あとは休憩していることも多いものです。

一方、日常の対話に目を向けてみれば、相手がしゃべっているときは、聞いている側も何らかのリアクションをしています。うなずくとか、首をかしげるとか、「えーっ」と言うとか……そのような反応があって対話が進んでいきます。

ですから、私は、同じようなことを劇の中でもやりなさいと言いました。「そのために必要なセリフは、台本になくても加えていいよ」と伝えたわけです。

すると、子どもたちは、アドリブでセリフを入れるようになります。それを見ながら私が「う～ん、今のよりも、その前のほうがいい」とか「そっち採用」などと言うわけです。なかには、「先生、僕、セリフが三つに増えちゃったけど、いいの？」と聞いてくる子どもがいました。私は「かまわないよ」と答え、「みんなもセリフがほしかったら、もっとしゃべりなさい」と子どもたちに声をかけました。

すると、芝居はみるみる生き生きとしてきました。劇の中でも、きちんとしたコミュニケーションが生まれていったのです。

話す力を育てたいなら、まずは**相手の話に正対しようとする態度**を育てる必要があります。そうすれば、聞く力が育つのと同時に、話す力も鍛えられるということです。

話す力という意味では、**「場に参加する気持ちを育てる」**ということも大切です。子どもが話せるようになるためには、その気持ちがないと始まりません。

保護者から「子どもが発表したり話せるようになったりするために、自宅で何かできることはありますか？」と質問を受けたことがあります。そこで私が答えたのは、議論に参加する姿勢を育てるということでした。

子どもと一緒にテレビを見ながら、クイズ番組などに「参加」させる。番組の進行を追うだけでなく、ときどき「あなたは、これどう思う?」などと子どもに問いかけてみるのです。

普段、授業で話さない子どもというのは、節目節目で自分の立場をもとうとしません。まず先に人の意見を聞いてしまいます。議論の中で、「自分の立場を決める」ということをしていないわけです。

クイズ番組で答えが発表される前に、子どもに答えを考えさせるということは、**自分の立場を決める**ということとイコールです。立場を決めてから答えを見れば、「ああ、惜しかった」「やっぱり当たった」などとドキドキする瞬間を味わえます。

そんな楽しさを経験すると、次もまた参加しようと思うはずです。そうして場に参加することが身についていく。

このように、「話す力」とひと口で言っても、さまざまな局面から育てていくことができるのです。

「考える練習」で変化を起こす

算数の授業では、計算や作図の練習をさせます。練習させることなしには、計算も速くならないし、きれいに作図することもできません。

考えること、思考することというのも同じで、やはり練習が必要なのです。

授業中、子どもが発表するときには、ほとんどの場合が突然考えさせられているわけです。子どもたちはその場で考えて内容をつくりながら説明していく。ですから当然、書く文章のようにきれいにはまとまらないし、聞き手が簡単に理解できるものではありません。

しかし、**思考の練習**ができれば、きれいに話せるようになります。**その練習の一つが、ペア活動の時間**なのです。発表の前にペア活動を仕組み、「今、自分が当てられたら、どんなことを話そうと思う?」と告げ、そのあとで「隣同士で練習してごらん」とやるわけです。

子どもたちがペアで話し合っている間に、私は発表が苦手な子のそばに行き、話し合いの内容をそれとなく聞いておきます。そして、上手だなと思ったら、「その説明はいいね。それ、どこかで発表してほしいな」とささやくことにしています。

それから、全体の前で「はい、誰か発表してみたい人?」と聞き、その子の手の動きを見ておく……とやるわけです。

発表者にもう一度話してもらうということを前述しましたが、これは聞き手のためだけでなく、実は話し手の「思考の練習」にもなります。

授業中に発表させるといっても、普通は発言をくり返させることをあまりしていません。そこで、誰かの発表が終わったあと「みんな、お話ちゃんと聞いた?」と周りの子に尋ねて、もしも「うーん……」とあいまいな返事が返ってきたら「じゃあ、もう一回聞いてあげようね」と戻すのです。

こうして、話すほうにももう一回チャンスを与えます。すると、子どもも「よし、今度はもう少し上手に言うぞ」と思うので、二度目の発表は上手になっています。

一方の聞き手は、次に自分が指名されたら何を言おうか考えながら必死に聞きます。そういう聞き手の姿が見えてくれば、話し手が聞き手に合わせて話そうという意識も強くなります。だから、ますます上手に話せるようになる……。

このような場を通して、**話し手も聞き手も相乗効果で育っていく**——そんな瞬間をクラス全体が味わえたら、考える力も説明する力も聞く力もどんどん育っていくでしょう。

手の挙げ方は子どもの自信のバロメーター

授業中のコミュニケーションでは、先生がよかれと思ってやっていても、子どもにとっては逆効果ということも少なくありません。

子どもが発表したあとに、「今の発表を聞いて、○○くんに質問や意見はありませんか」と尋ねることがあります。

先生は親切心でやっているのですが、「質問や意見はありませんか？」と投げかけてすぐに質問できるときは、聞き手の子どもがよほど自信があるか、もしくは発表者の中身にはっきり間違いがあるかのどちらかです。それ以外であれば、そう簡単に質問できるものではありません。

これは、自分自身に置き換えてみてもよくわかるでしょう。

前述のように、私のクラスでは、発表している子どもが自ら「今、『えっ?』と思ったのはなぜ?」と問い返してもよいことにしています。子どもが友達の「えっ?」と感じた瞬間を拾って理由を尋ねるわけです。

これなら尋ねられた子どももすんなりと応えることができますし、子どもの間で双方向のコミュニケーションが生まれていきます。

発表の仕方でも、話を聞くときの姿勢でも、いわゆる学習規律と呼ばれるものは「それが何のためにあるのか」を考えなければ形式だけになってしまいます。

「友達の発表を聞くときには、体ごと発表者のほうに向けましょう」という学習規律にしても、子どもにやらせようとする前に、それが何のためのものなのかを考えなければいけません。教室がざわざわしていたら、発表する子のやる気が削がれてしまうから体ごと発表者のほうに向ける。そういう目的があるのなら、それを子どもにも伝えましょう。

でも、そのほうが見栄えがいいからとか、それがルールだからという理解で子どもにやらせるのは本末転倒なのです。

そもそも、**発表者の話を聞かせたいのであれば、姿勢をどうこう言う前に、話を聞かな**

ければいけない必然性をつくることが先決です。

「話を聞く」ということが最優先になれば、子どもによってその聞き方は異なるはずです。ペンをもってメモしながら聞く子もいるし、「えっ、どういうこと？」と問い返す子もいる。途中で周りの友達に「今のどういうこと？　こういうこと？」と尋ねたい子どももいるでしょう。形の美しさよりも、そういう子どもの態度が出てくるほうがよっぽど迫力があるのです。

手の挙げ方一つとっても同じです。一律に「腕を耳に当てて指先をピンと伸ばしなさい」と指導するのでなく、**子どもたちの不安げな手の挙げ方は自信のバロメーター**だと思えばいいのです。

手を真っすぐに挙げているのは、自信のある子どもです。手が途中までしか挙がっていないなら、それは自信のない子ども。手は途中まで挙がっているけれど顔が下を向いているのは、できれば指名してほしくない子どもです。

授業中、必死で考えている子どもに、挙手の仕方まで負担をかけることはないと思うのですがいかがでしょうか。

二度目、三度目のチャンスを与えて変化を見る

授業中の手の挙げ方は、子どもの自信のバロメーターだと書きました。

しかし、人数チェックなどの場面では、話は変わってきます。

たとえば、「教室の掃除をやりたい人?」「廊下の掃除をやりたい人?」と言って手を挙げさせるとき、子どもが途中までしか手を挙げていなければ、数える側はチェックできません。こういった場面では自信の問題ではないので、「数える側の気持ちになりなさい」と、私もきちんと指導します。

このことは、子どもの話し方でも同様です。

授業中の子どもの話し方も、何段階かステップがあります。それを教師がきちんと意識

して見ていく必要があるのです。

指名した子どもが、しどろもどろになっていたら、「じゃあ、ちょっと待ってね。みんな、もう一回聞こうね」と言ってもう一回チャンスをあげます。

二度目に話したあとは、「ほら、上手になった。さっきとの違いは何だろう。そう言えば、さっきは考えをつなぎながらしゃべったけど、今回は最初に結論を言ったね」とほめるのです。

ここまで整理ができたら、「では、ノートに書きましょう」と一人の活動に戻します。するとこのときはもう三回目だから、考えもまとまっているわけです。

さらにこれをノートに書かせておいてから「書いたことを読んでみましょう」とすれば、今度は教師が求めている整理された話し方ができるわけです。

つまり、考え方でも話し方でも「成長する」と考えることが必要です。

一回目からきれいに整理させようとするのでなく、試行錯誤のあとで二回目、三回目のチャンスを与えて、その成長を見てほめればいいのです。

手の挙げ方でも話し方でも、大切なのは時と場合に応じた方法を教師がきちんと区別して指導することです。

相手に対する礼儀やマナーといったものが必要な場もあれば、人間が素直に自分を表現できることが最優先という場もあります。

総合的学習で調べてきたことをみんなで話し合ってまとめて、模造紙に書いて発表するときなどというのは、私もきちんとした形式のある話し方を教えます。

それでも聞き手のことを考えると、話し手がずっと一方的にしゃべっていたのでは頭に入らない。

だから、話し手が途中で「ここまではどうですか」と聞いて、子ども同士のコミュニケーションが生まれたら、このときのやりとりは崩していいわけです。

目の前の子どもの様子やちょっとした変化をきちんと見ながら、しなやかに指導方法を考えていく。

子どもを動かすときには、こういったバランス感覚も必要なのです。

1回目
2回目
3回目

「子どもの問い」から授業をつくる

聞く力を育てたいなら、相手に正対する態度を育てることが大切だと書きました。このことは、私たちが授業をする上でも意識しておきたいことです。

相手に正対する――授業で言えば、**目の前の子どもの反応を見ながら授業を進めていく**ということです。

先日、ある飛び込み授業で、面積の単元を扱いました。面積の求め方は既習と聞いていたので、私は発展問題を中心に据えた指導案を用意していました。

授業の導入で「1㎠は、一辺が1㎝の正方形ですね。じゃあ、今日は5㎠の形を考えよう」と投げかけました。

いざノートにかかせてみると、子どもたちが５㎝×５㎝の正方形をかいている。それも一人や二人ではなく、大勢の子どもたちがそうして25㎠の正方形をかいていました。

私は「あれ？」と思いました。これでは発展問題などできません。

そこで、子どもたちに「じゃあ、２㎠は？」と尋ねてみると、「２㎠は、一辺２㎝」と言う。「なんで？」と聞いたら、「だって、一辺が１㎝の正方形の面積を１㎠って言うんでしょう。だったら、一辺が２㎝の正方形の面積は２㎠じゃないの」と堂々と説明してくれました。

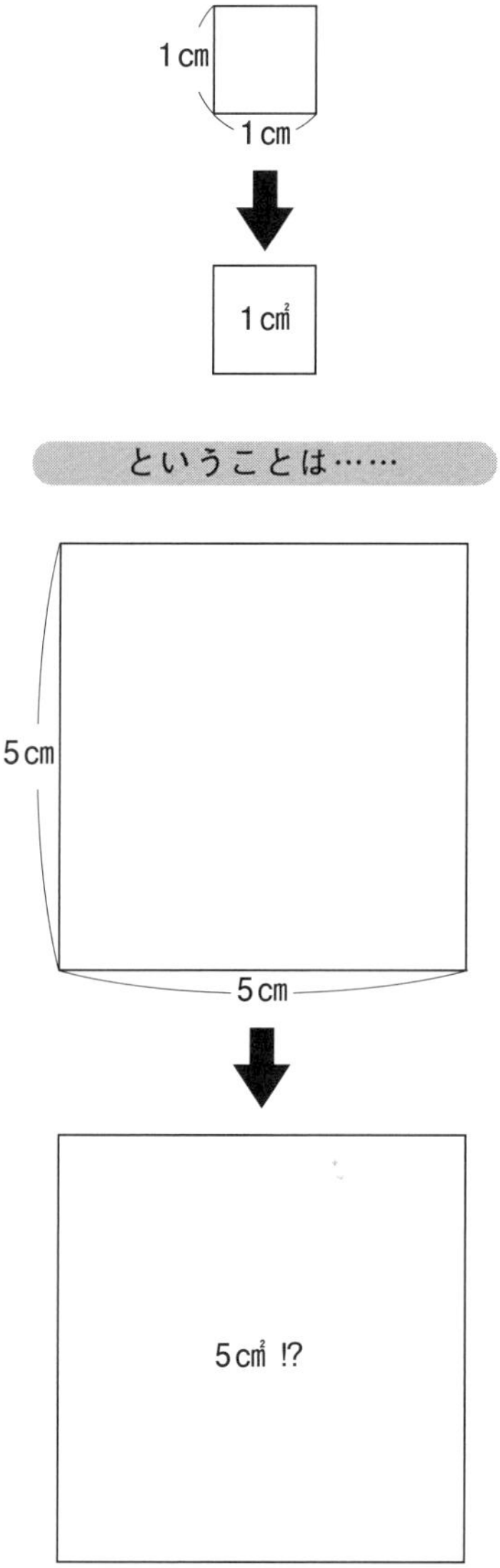

私が「え？　そうなの？」と問い返したら、「だって、教科書にもそう書いてある」とニコニコして言います。

そんな素直な反応を見て、私はとっさに予定を変更することを決めました。

この日の会場には、二百人くらいの参観者がいましたが、私は子どもの反応を見た瞬間に会場の先生方に言いました。

「今日は指導案よりももっと面白い授業になるから、それは捨ててね」と言って「よし、今日は２㎠っていうのは、どんな大きさかやろう」と子どもに向き直ったら、会場の先生方も拍手で応えてくれました。

そこで、「一辺が２㎝の正方形の面積が２㎠」と訴えてくる子どもたちに「そうだそうだ、あなたたちの言う通りだ」と言っておいてから「すると、この２㎠には、１㎠はいくつ入るの？」と聞いてみると、子どもたちは「４つ」と言う。

「そうか、４つか。だけど２㎠なんだな」「うん」「不思議な言い方だな」とやりとりをしていくと、そこではじめて子どもたちが「あれ？」とざわざわし始めました。

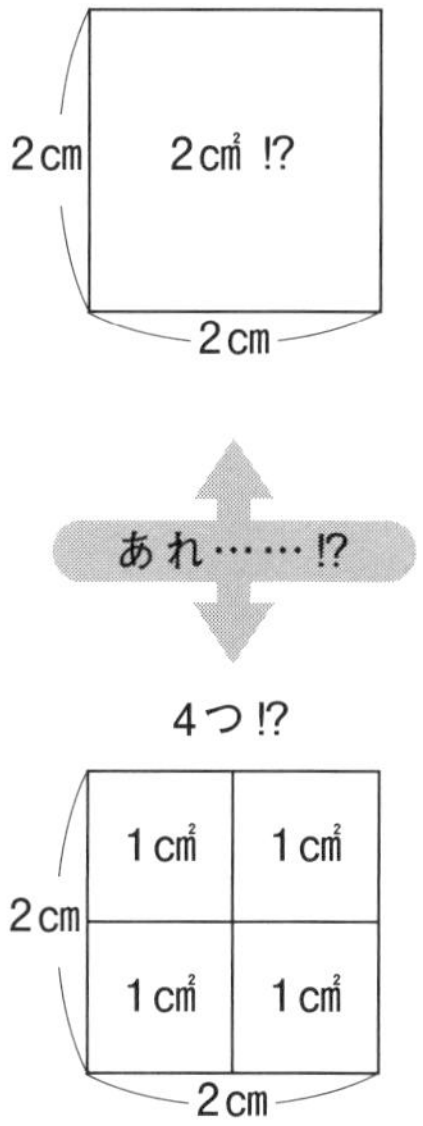

ざわざわしている子どもたちに、私は別の問題も投げかけました。「みんなは長方形の面積の求め方は習ったんだよね？」「はい、縦×横です」「じゃあ、この形は？　これは2×3だから6だよね。この6って何だろうね？」と話したのです。

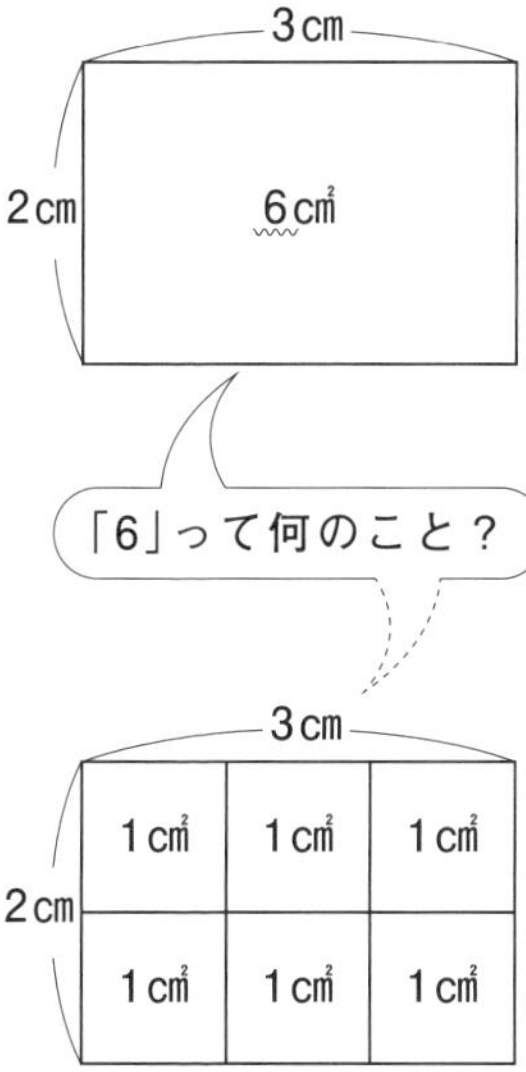

もちろん、この日の授業では、当初の予定通りの授業を行うことも不可能ではありませんでした。

大勢の子どもたちが間違っている中、ちゃんとわかっている子どもも五、六人はいましたから、それを取り上げて進めていくこともできたのです。

でも、クラスの多くが25㎠の正方形をかき、そのうちの数名の「だって一辺が1㎝のを1㎠って言うんでしょう。だから、2㎝だったら2㎠じゃないの」という言葉は、ある意味でとても筋が通っています。

この日の授業の導入で子どもの反応を見た担任の先生は頭を抱えていましたが（笑）、むしろ、このような素直な質問ができる子どもを育てている先生を、私は本当にすごいと思いました。

確かに教科書には「一辺が1㎝の正方形の面積を1㎠と言います」としか書かれていません。2のとき、3のとき、4のとき……、を尋ねないのが問題なのです。「2㎝のときは2㎠と言うのかな？」という問いが本当は必要なはずです。

ですから、私は、次に面積の授業の導入をやるときには、あえてそこを扱えばいいと思いました。「一辺が２㎝のときは何と言うのだろう？」とすれば、実は面積は「何個分」を表しているということが話題になります。一度それを扱ってしまえば、子どもたちの理解は確かなものになるでしょう。

この日の子どもの素直な反応から、私もまた一つ学ぶことができました。

「素直な反応」から授業をつくる

子どもの素直な反応から教材や授業を組み立てていくというのは、私が普段からよく行っていることです。

クラスの中には、授業の内容はすでに塾で学習済みという子どももいます。そういった子どもは、授業で計算問題などを出すとすぐに答えを出してきますが、内容をちゃんと理解しているかといえば、そうでないことも多いのです。

「小数のわり算」などは、そのいい例です。子どもたちは、1より小さい数で割ることになると、どうしてもイメージがわきません。計算の仕方は知っていても、その「もと」となる考え方はわかっていないことが多いのです。

たとえば、「0.5ｍが200円のリボンがあります。１ｍは何円でしょう」という問題で、教科書では「200÷0.5」で解くことになっています。

でも、私が授業で問題を黒板に書いたら、全員が「200×2」と書きました。誰も0.5で割りたいなんて思わない。みんな「0.5×2」で１ｍをつくりたい。子どもたちは「小数のわり算」という単元であることを知っているにもかかわらず、です。

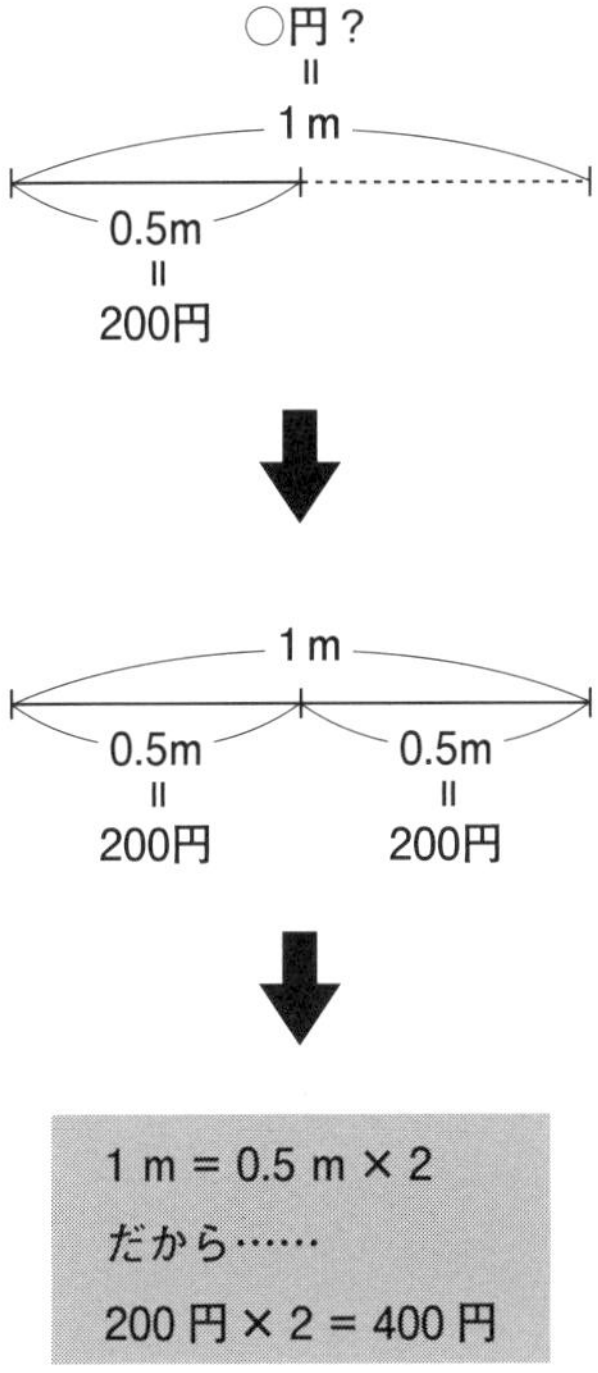

「じゃあ、４ｍで200円だったら？」「200÷4」「２ｍだったら？」「200÷2」。

「そうか、じゃあ、0.5ｍだったら、200÷0.5という式にするんじゃないの？」と言ったら、子どもが「嫌だ」と声をそろえるからかわいいものです（笑）。

私は、子どものこの反応を授業のスタート地点に定めました。

この授業は研究会で行ったので、会場には大勢の先生方がいました。先生方は、子どもの「嫌だ」を聞いて「この先生、どうするんだろう」とハラハラしていたはずです。でも、実はそれこそが私のねらいでした。「本当は子どもはこう思っている」というのを、あえて授業の導入で見せたわけです。（参照：ＤＶＤ授業研究シリーズ　映像で見る算数授業5年「200÷0.5という式でいいの？　小数のわり算」内田洋行）

塾で習ったことや、習ったけれど実はよく意味がわからないこと。これは、子どもたちが授業で一番話題にしてほしいことなのです。

分数のわり算でも、「$\frac{4}{5}\div 2$」なら、多くのところでは「分母に2をかける」と書いてあります。それを使って答えを出すことはできても、やっぱり子どもは「なんでそんなことするんだろう」と思っています。

そこをスタートラインにして授業を進めてみると、授業の最後に、子どもが「だから、かけるんだ」とつぶやきました。「なんで『だから』なの？」と聞いてみると、実は計算のやり方は塾で習って知っていたけれど、「なんでかけるんだろうな、上を割ればいいのに」と思っていたというのです。

「$\frac{4}{5}\div 2$」だったら、４を２で割ればいい。単純に分子を割ればそれで済むのに、なんでわざわざ分母にかけるんだろう……？

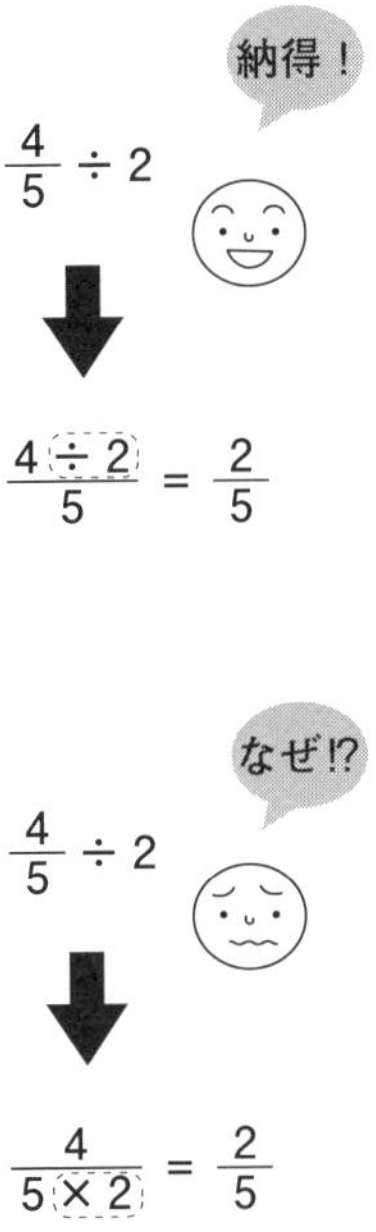

　そこで私は、「やっぱり納得できる方法を使おうよ。分子のほうを割るほうがいいよ」と言い、「はい、じゃあ、次のページ」と進めようとしました。すると、子どもたちがまた素直な反応を返してくれました。
　どんな反応が返ってきたのか――読者の先生方はもうおわかりかもしれませんが、次の項でご紹介しましょう。

小数や分数を身近な人にたとえてみると？

「分数÷整数は、分子を割る方法でいつもやろう」と言ったときに、子どもが何と言ったのか――そうです、「でも先生、割れないときがあるでしょう」ということです。

「さっきのは4だから割れたけど、3だったら困るじゃん」と言う子どもたちがいたのです。

$$\frac{4}{5} \div 2$$

↓

$$\frac{4 \div 2}{5}$$

OK！

$$\frac{3}{5} \div 2$$

↓

$$\frac{3 \div 2}{5}$$

NG！

要するに、分子の数によっては、うまく計算できないときがあるのです。さあ困りました。

$\frac{3}{5}$は確かに2では割れない。でも、実は分数は変身できます――$\frac{6}{10}$。これなら割れるのです。つまり、相手に合わせて自分が変身することができるところが分数のよさなのです。

話を聞いている子どもたちは「そっか、分数って、調子いいんだね」とうなずいています。「そうそう、相手に合せて自分を変えるんだから健気でしょ。逆に、小数というのは頑《かたく》なで、自分は変わろうとしないんだ」。

このような説明ができれば、子どももイメージがわくはずです。

だから、$\frac{3}{5}\div 2$の式なら、$\frac{6}{10}$に変身すればいい。なんで6になったかというと、3のままでは割れないから。そうやって、とにかく割れる数に変身しようとする。変身するために、上に2をかけ、下に2をかけ、とやっているわけです。

$$\frac{3}{5}\div 2$$

分数は、分母・分子に同じ数をかけたときには大きさが変わらないことを使って……

↓

$$\frac{3\times 2}{5\times 2}\div 2$$

2で割れる数になる！

↓

$$\frac{3\times 2\div 2}{5\times 2}$$

↓

$$\frac{3}{5\times 2}$$

これを前のページのように式に整理して書いてみます。分子のほうは×２をして÷２をするので、変化しません。

こうして整理すると、子どもたちも「ああ、だから分母をかけるんだね」と納得してくれることでしょう。

ときには、算数授業の中で、**小数の特徴と分数の特徴を人の性格にたとえつつ、算数の内容を語ってみる**のも印象深いかもしれません。

「友達づき合いで、相手に合わせて自分をコロコロ変えている子、いるでしょう？　まさに分数タイプだよ」「でも、あなたに合わせて変身していく、そういう健気なところもあるのが分数なんだ」「『あなたに言われる姿まで変身します』と言っている分数は、泣かせるね」などと言えば、分数もどんどんかわいく見えてきます（笑）。

通分を説明するときにも、「お互いに『俺も合わせるぜ、お前も合わせろよ』とやってるんだよ、分数は」。頭の中にそんな場面が浮かべば、一見、機械的に見える通分の操作だってかわいく見えてくるでしょう。

つき合い方が見方一つで変わるのは、相手が人間でも算数でも同じと考えてみると面白いですね。

第５章
保護者と一緒に変化を起こす
――周りを巻き込む

保護者を巻き込むのも一つの方法

みなさんのクラスにも、問題の多い子どもがいるかもしれません。

そのような子どもを変えたいなら、その保護者への対応も重要です。


たとえば、男の子二人がけんかをして、保護者も心配しているとします。

でも、子どもは次の日にはケロッと仲よく過ごしていることが多いので、二人が休み時間にじゃれ合っている姿を見ながら保護者に電話をしたりしています。そして、「今ね、私の目の前で二人が仲よく校庭で……」とリアルタイムで伝えるわけです。

教師が休み時間も子どもから目を離していないことがわかれば、保護者は「自分の子どもは大事にしてもらっているんだ」と思ってくれることでしょう。

保護者は普段、学校で起こることを自分の目で見ることができません。だからこそ、教師の対応が気になるのです。見えないことに不安になるのは、私もよくわかります。それがときには学校への苦情などにもつながるのです。

しかし、**「あなたの子どもを私も大切に思っているよ」ということがちゃんと伝われば、安心してまかせてもらえます。**教師や学校に対しても、温かい目を向けてくれるようになるでしょう。

また、面談のときの保護者への対応でも気をつけたいことがあります。

問題の多い子の保護者との面談では、まずはその子のいいところをほめることです。「けんかを仲裁していた」「低学年の子がいじめられているのを止めた」など、何でもいいのです。

問題を抱えた子の保護者というのは、いつも教師から注意されるので、子どものマイナス面を指摘されると「またか」と思うわけです。自分の子どもが責められることしか経験がないのです。自分の大切な子どもを他人から責められたとき、守ろうとするのは親にとっては当然のことです。

そこで、私はまずほめます。そして「この先生は今までの先生と違う。うちの子のいいところもちゃんと見てくれている」と安心してもらえれば、保護者も心を開いてくれます。するど、「でも、うちの子は言葉づかいが乱暴なので……」などと、保護者のほうから問題になっていることに触れてくれることも少なくありません。

自分の子どものことを客観的に見たあとに相談ができれば、とても建設的に改善策を話し合うことができるのです。

このように、子どもたちを改善したいと思えば、その子本人だけでなく、保護者の方の心も巻き込んで対処していくこともとても大切なのです。

小学校は人間関係を学ぶ最高の環境

小学校は、人づき合いの基本を学べる最高の環境です。

そういう意味で、子ども同士のけんかやトラブルというのは、むしろ必要なことなのです。

たとえば、「○○ちゃんが消しゴムをとった」と子どもから聞いた低学年の保護者が苦情の電話をしてくることがあります。子ども同士で解決するのではなく、大人が出て解決しようとしてしまいます。

でも、子どもだって人間関係のトラブルを経験することは重要です。むしろ、小学生のうちにこそきちんと経験する必要があります。

小学校や中学校では、お互いの家がどこにあるか、どういう生い立ちかなどがわかっています。いわば「みんな仲間」という安心な世界です。そのような仲間との交流がうまくできないのならば、社会に出たらもっと大変なことになるでしょう。だからこそ、早いうちに人間関係のトラブルを経験することが重要なのです。

意地悪をしたり、トラブルを起こしたりする子に出会ったときは、社会に出て人間関係をつくるための練習に必要な人だと考えればいいと思います。

逆に、親が出ていってすべてのトラブルをシャットアウトし続けることは、自分の子どもを予防注射なしでいずれ外の世界に出すのと同じなのです。

自分の子にちょっかいを出している子を見たら、「ああ、予防注射をしてくれているんだな」と考えてみると、心も穏やかになります。

そもそも、**子どもたちが一緒にいる中で、トラブルが起こっている時間自体は、そう長くありません。二十分間、一緒に遊んでいたとして、トラブルが起こるのは最後の二分だけ**ということがほとんどです。

実際、子どもに「また◯◯ちゃんとけんかしたの？　そんなにけんかするなら一緒にいなきゃいいのに」と言えば、「だって、一緒に遊ぶと楽しいんだもん」と返ってくることが多いのですから。


子どもたちは楽しいから一緒にいる。

だけど、一緒にいるとトラブルが起こる。

このことは、保護者の方にも理解してもらいたいところです。

ただし、そのように理解してもらえるまでは、教師は子どもから目を離さないことです。

「仲がいいほどケンカする」関係なのか、「いじめ」なのかを判断するのは、子どもを「面」で見ることのできる教師の細やかな対応力にかかっています。

教師と保護者が一緒に子どもを育てる

おとなしかった女の子が変身し、それを彼女自身が卒業文集に書いたものを第２章で紹介しました。しばらく経って、この卒業文集を読んだ保護者から「うちの子も変われるでしょうか」と相談を受けました。

私は言いました。「簡単ですよ。ただ、私もやるけれど、お母さんも頑張らないと。私は一生懸命、子どもに力を注いでみます。少しでも変化したら、必ずそれをその日のうちにお母さんに伝えますから、家に帰ったら子どもがそういう話をするのを待って、きちんと話を聞いてほめてあげてください」。

子ども自身、変わるための一歩を踏み出せたら嬉しいし、お母さんにも聞いてもらいたいものです。でも、おとなしい子というのは、家に帰っても少ししか言わないことも多いので、保護者のほうも内容がよくわからず「ふーん、よかったね」で終わってしまうこともあり、もったいないのです。

だから、私は前もって保護者の方に伝えておきます。「今日は、頑張って授業中に自分から手を挙げて発表しました」「友達からほめられました」——**伝えておく内容はシンプルなことでも、その情報があれば子どもの小さな変化に気づくことができます。**「へえ、どんなことをやってほめられたの？」と余裕をもって聞くことができます。だから、お母さんも具体的にほめることができます。

こんなことが続くと、子どもは家に帰って話すことが増えます。話したいから学校でももっと頑張るようになる。このスパイラルができれば、子どもは目に見えて変わるのです。

あるとき、私と子どもとで昼休みに必死に逆上がりの練習をして、一週間ぐらいかかってやっとできるようになったことがありました。その子が家に帰って、その話をしました。残念ながら、そのときはお母さんから「あんたまだできなかったの」「そんなのできて当たり前」などと言われてしまって、翌日しょんぼりしてやってきたことがありました。これではすべてが台無しです。

でも、これはお母さんのほうも悪気はありません。毎日そんなに頑張っていたのだという姿は学校で一緒にいる私たちにしか見えていないのですから。

だからこそ、それをそっと伝えてあげることをすれば、大きな効果が出ることも少なくないのです。

夏休み前、私が必ず保護者にお願いしておくこと

親子のコミュニケーションでは、言葉をかけるタイミングにも気を配りたいところです。たとえば、夜ご飯を食べたあと、子どもがテレビを見ています。そこで親が思い出したように「もう、お風呂に入った？」と言うと、子どもは当然「えっ、今？ テレビの途中でしょ」と思います。子どもの都合を考えず、場当たり的に物を言ってしまうと、不要な諍いが起こってしまうわけです。

夏休み中なら、突然、「日記書いたの？」などと言いがちです。子どもが「日記は夕方に書きたいんだけど」と反論すると、「忘れるから早く書いておきなさい」。子どものほうには「そういうものじゃないんだけどなあ」という思いがあるから、結果、口論になって

しまいます。

私はあるとき、保護者向けの講演会で「夏休みは親子で相談して計画を立てましょう」と言いました。「この時間に勉強するから、ここは遊ばせて」など、**親子で歩み寄りながら計画をつくる**のです。

その計画に加えて、ちょっとした約束事を決めておいてもいいでしょう。「勉強の時間になって動かなくても10分は待って、それでも取りかからなければ注意する」といったことです。

私がつくる夏休み前の学級通信は、子どもたちのお守りになっています。「**相談しやすい、話しかけやすい保護者になりましょう**」と書いてあるからです。

親が苛立ったら子どもは相談しなくなります。ですから、「**苛立たないで笑顔で相談にのる**」という部分は大きな文字にしておき、夏休み前の保護者会でもこういった話をしておきます。

そして、子どもたちにも「お父さん、お母さんにこういうことを言っておいたよ。だから、イライラして相談しにくいときは、この学級通信を見せればいい」と話します。

ただし、私は子どもだけの味方はしません。中立の立場です。子どもたちには「あなたたちはまだまだお家の人にたくさん世話をしてもらっているでしょう。それに感謝して、家の人のアドバイスを素直に聞くことも大切です」とも言っておくのです。

子どもたちも高学年になると、親子の関係がどんどん悪くなってしまうケースがあります。その要因は、実は苛立っている親にあることが多いのです。

子どもは成長すると干渉されるのが嫌になります。それは成長の証ですから、本当は喜ばなければいけないことなのに、親はそれが反発に思えて苛立ってしまうからトラブルになるのです。

適度な距離を保ちながら、タイミングよくコミュニケーションをとることが、親子関係にも、そして教師と子どもの関係にも必要です。

「うちの子は三日坊主なんです」と言う保護者へ

以前、「夏休みの親子相談室」というラジオ番組で、電話をかけてきた保護者からの悩みに私が答えるという企画がありました。そのとき受けた相談は、「わが子の三日坊主はどうしたら治るでしょうか」というものでした。

私は「三日坊主、すばらしいですよ」と言い、「ところで、お母さんは、その三日間に何をしましたか？」と聞きました。お母さんの答えは「……？」でした。

そこで、私は続けました。

「花も三日間水をやらなければ枯れます。三日坊主ということは、実は三日間は頑張っていたということ。頑張っているわが子に途中で水をあげればよかったのです。わが子に水をやるということは、『ほめる』ということです」。

子どもが頑張っている三日間に、「へえ、あなた、こんなこと頑張っているんだ。すごいね」「こんな計画をこなすなんてすごいね」と言えばいい。そうすれば、三日坊主は必ず五日坊主くらいにはなります。

では五日坊主を頑張らせて十日坊主にしたほうがいいかというと、そういうわけではありません。**五日経ったら計画の弱点も見えてくるので、そこで軌道修正するほうがいいと**私は思っています。

夏休みは五日坊主で十分。保護者は「あなた、この五日間はすごかったね。さすがはわが子だと思った」などとほめつつ、「でもね、この計画はちょっと無理だったかもよ」と言って計画を更新していく。そうして五日坊主をくり返します。

五日坊主が六回も続くと一カ月、つまり夏休みは終わってしまいます。

子どもをほめるときには、面と向かって直接ほめなくてもいいのです。

私は保護者に「子どもに聞こえるか、聞こえないかのところで、夫婦でわが子をほめる会話をするといい」とも言っています。夫婦の会話を子どもにそっと聞かせるのです。

たとえば、子どもが寝室に行ったら、そのすぐ隣の部屋で「うちのお兄ちゃんは妹には優しいよね」というような会話をしてみます。すると、その子は必ず妹に優しくなります。子どもは「ああ、僕はそう思われているんだ。頑張ろう」と思うのです。

「あの子は言われなくても、時間がくるとちゃんと勉強に取りかかるよね」とささやけば、自分から勉強する子になるし、「あの子は親に対しても優しい物の言い方をするよね」と言えば、言葉づかいが優しくなります。

反対に保護者がきついことを言えば、きつい子に育ちます。家庭で親から攻撃されて育った子どもは、他人を攻撃する子に育つのです。

昔から「子は親の鏡」と言います。大人は子どもを見ながら、自分を反省することも必要です。

そして、最後にもう一つ。子どもをほめるのも、肩に力が入りすぎるとイライラしてきて続きません。

ですから、**親も一生懸命、三日坊主で頑張ればいい**ということも覚えておいてほしいと思います。

妹には
やさしいよね

家庭でも「考える力」を身につけることはできる

私は、保護者向け、主にお母さんたちを対象とした講演をすることも多いです。

就学前の子どもをもつ母親に話をしていたとき、あるお母さんに「小学校に入って考える力をつけるにはどういう教材がいいですか」と質問されました。子どもが何をするにも「ママ、どうするの?」と聞くのだそうです。

私は「考える力をつけるのに教材はいりません。あなたが子どもの考える場面を奪わなければいいんです」と答えました。

最近のお母さんたちは、概して子どもに手をかけすぎています。考えない子どもにしているのは、実は世話をしすぎる親のせいだと昔からよく言われています。

晴れている日に子どもと出かけるとしましょう。

そのとき、玄関に長靴を出してみるといいのです。

子どもがそれを黙って履いたら、自分の子育てを反省する必要があります。

長靴を見て「ママ、なんで長靴なの」と言う子は自分で考えていますから、「どうして長靴じゃ駄目なの」と聞いてみます。

子どもが外を見て「こんなに晴れているのに……」などと理由を答えたら、子どもをたくさんほめてあげましょう。


さらにレベルアップするなら、サンダル、長靴、普通の靴と三つ並べておきます。それも、晴れや雨の日ではなく、どんより曇っている日のほうが面白い。

「ママ、どれ履いていくの」と子どもが聞いたら、「どれでもいいよ」と答えます。それを聞いて子どもが外を見ながら考えたりしたら、その姿をほめればよいのです。

ただし、結果的に子どもがサンダルを履いていくと決断し、道すがら水たまりに入ってしまったとしても、絶対に叱ってはいけません。

そこで叱ったら最後、子どもは「どれでもいいって言ったのに。叱られるならママの言う通りにしていたほうがいいや」と思うようになり、自分で考えない子どもになってしまいます。

家で食事の準備をするときでも、こういった仕掛けは可能です。

子どもに「この箸を運んで」「皿を並べて」などとお手伝いを頼むとき、普通は人数分の箸や皿をそろえて頼みます。

しかし、五人家族なのにあえて三本しかスプーンを出さないなどといった過不足のある状態を意図的につくってみます。すると、子どもはどうすればよいのか考えるでしょう。

コップとスプーンを運ばせるときにも、コップとスプーンを別々に運んで何往復もするより、コップの中にスプーンを入れて運ぶほうがよいというように考えたら、すかさずほめてあげるのです。

これは学校生活でも同じことが言えます。ほとんどの教師はなるべく無駄がないようにしようとして、状況をそろえすぎます。

最初から子どもが困らないような状況を大人がつくれば、子どもは何も考えなくなって

しまいます。サービスしすぎることは、子どもが考えるチャンスを奪うこととイコールなのです。

だからこそ、あえて過不足のある状況をつくって、こちら側から仕掛けます。そこで子どもが考えている姿をほめれば、子どもはどんどん自分で考えるようになるのです。

おわりに

今年で小学校教師生活三十二年が終わります。山口県の公立小学校で九年間、そしてその後、筑波大学附属小学校に赴任して二十三年間になります。山口時代には、クラスの子どもが七人だけのときや複式学級も経験しました。

気がつくと、同年代はみんな管理職になっています。

この年齢になっても相変わらず担任を続けていられる自分の幸せを、最近特に感じている日々です。

小学校の教師は、とてもやりがいのある仕事です。

純粋なまなざしをした子どもたちのエネルギーを全身で受け止めて過ごす時間は、とても幸せな時間です。

でも、子どもたちとの接し方を間違えると、次第に厳しく辛い日々も始まります。

彼らは体は小さくても、繊細な心をもった、もう立派な「人間」です。適当なことを言って逃げたりしているとちゃんと見抜かれてしまいます。くり返していると大人を信用しなくなってしまいます。だから心して向き合わなければなりません。

あるとき、研究会で出会った若い先生たちから、「どうして先生のクラスの子どもたちは高学年になってもかわいいままなのですか?」「どうしてそんなに短期間に子どもが変身するのですか?」と質問攻めに合ったことがありました。目は真剣でした。

自分たちは学級経営でこんなに苦労しているのに、田中先生はいつもとっても楽しそうでうらやましいとも漏らしていました。

私だって、実はクラスでのたくさんのトラブルを解決しなくてはならない日々もありましたし、保護者の方と子どもの人間関係の改善のためにいろいろと話し合ったこともあります。たくさんの失敗もしてきました。

ただ、「ともかく子どもの場合も保護者の場合も悩んでいる側の味方になろう」とまっすぐに問題に向き合い一緒に考えて動けば、必ず事態は好転すると信じてやってきました。

この姿勢は、算数の問題解決の授業をするときの姿勢と実は同じです。

面倒だなと思って逃げたり、子どもの心を考えないで大人の都合だけで無神経な言動や行動をくり返しているとうまくいかなくなるのは、授業も学級経営も同じだと思います。

若い先生たちの悩みを聞きながら、私も自分を振り返って考えてみることにしました。これまであまり意識しないでやってきたこともありましたから、私にとってもよい機会となりました。

整理したことのいくつかを伝えたら、数日後、その先生たちから「あのときに教えてもらったことをさっそく試してみたら、子どもたちの動きが本当に変わってやさしくなった」と熱いメールをもらいました。

今、全国で学級経営に困っている先生方がとても増えていると聞き、こんな私でも少しはお役に立てるかもしれないと、このときに思いました。

そこから本書を世に出すことに取り組み始めました。

クラスのかわいい子どもたちと一緒に

本当はもう少し秘密にしておきたいこともあったのですが、東洋館出版社編集部の大崎奈津子さん、畑中潤さんの熱い想いと、アドバイスに支えられながら、何とか完成することができました。
本書が全国の教室の子どもたちの笑顔を増やすことに役立てられるなら、こんなに幸せなことはありません。

二〇一四年二月　田中博史

［著者略歴］

田中博史（たなか・ひろし）

1958年山口県生まれ。1982年山口大学教育学部卒業、同年より山口県内公立小学校3校の教諭を経て1991年より筑波大学附属小学校教諭。専門は算数教育、授業研究、学級経営、教師教育。人間発達科学では学術修士。筑波大学人間学群教育学類非常勤講師・共愛学園前橋国際大学国際社会学部非常勤講師・基幹学力研究会代表・全国算数授業研究会理事・日本数学教育学会出版部幹事・学校図書教科書「小学校算数」監修委員。またNHK学校放送番組企画委員として算数番組「かんじるさんすう1・2・3」「わかる算数6年生」NHK総合テレビ「課外授業ようこそ先輩」などの企画及び出演。JICA短期専門委員として中米ホンジュラス、またタイやシンガポールのAPEC国際会議、数学教育国際会議（メキシコICME11）、米国スタンフォード大学、ミルズ大学、またイスラエルにおける授業研究会などで現地の子どもたちとのデモンストレーション授業や講演なども行っている。

［主な著書］

『量と測定・感覚を育てる授業』（国土社）『追究型算数ドリルのすすめ』（明治図書）『わくわくいきいき学級づくり1年間2年生』（日本書籍）『新しい発展学習の展開1・2年』（小学館）『田中博史のおいしい算数授業レシピ』『田中博史の楽しくて力がつく算数授業55の知恵』（いずれも文溪堂）『学級の総合活動高学年・輝き方を見つけた子どもたち』『算数的表現力を育てる授業』『使える算数的表現法が育つ授業』『遊んで作って感じる算数』『プレミアム講座ライブ田中博史の算数授業のつくり方』『輝き方を見つけた子どもたち』『田中博史の算数授業1・2・3』『語り始めの言葉「たとえば」で深まる算数授業』（いずれも東洋館出版社）他多数。

［近年の主な監修・編共著］

『板書見ながら算数作文』シリーズ全4巻（明治図書）。

『算数授業で授業が学校が変わる～授業改革から学校改革へ』（東洋館出版社）『論理的思考力を育てる算数×国語の授業 問い作り・思考作り・価値づくり』（明治図書）などは新潟県、福岡県の公立学校との共同研究の書。『学校を元気にする33の熟議』『学校をもっと元気にする47の熟議』（東洋館出版社）ではスクールリーダー育成を視野に入れての企画にも取り組む。その他、子ども向け著作『算数忍者』シリーズ（文溪堂）、『絵解き文章題』『4マス関係表で解く文章題』（学研）などの家庭向け学習ドリル、算数読みもの『なぜ?どうして?算数のお話』（学研）、子どもの何気ない言葉の裏にある思考の可能性を探った『ほめて育てる算数言葉』などの他、「ビジュアル文章題カルタ」「ビジュアル九九カルタ」「ビジュアル分数トランプ」（文溪堂）などの教具開発など多数。

子どもが変わる接し方

9割の先生が気づいていない学級づくりの秘訣

2014（平成26）年2月13日　初版第1刷発行
2025（令和7）年6月20日　初版第20刷発行

著　者　田中博史
発行者　錦織圭之介
発行所　株式会社 東洋館出版社
〒101-0054
東京都千代田区神田錦町2丁目9番1号
コンフォール安田ビル2階
代　表　電話 03-6778-4343／FAX 03-5281-8091
営業部　電話 03-6778-7278／FAX 03-5281-8092
振替　00180-7-96823
URL https://www.toyokan.co.jp

装　幀　水戸部 功
イラスト　キムフみのる
印刷・製本　藤原印刷株式会社

ISBN978-4-491-02990-0　Printed in Japan